U0142055

青少年叢書

平衡的超越

張培耕 著

深耕勤耘

代序

深耕勤耘

代序

生活要有內涵，生命要有意義，就必須深耕勤耘你的人生。教育塑造心靈的特質，構築精神的世界，進而培養健全的人格，所以教育更加需要深耕勤耘，才能爲社會培養精英，爲國家作育英才。

人有靈魂，但並非本有，亦非人人皆有。靈魂由高貴的心靈，深刻的思想，奔放遼闊的精神世界，與高貴的人格所構成。換句話說，沒有心靈特質思想精神，也就沒有靈魂。

思想、精神、人格、道德，來自教育的春風化雨，以及教育工作者的言教身教和潛移默化。照本宣科，不是眞正的教育。當教育成爲職業而非事業，使國家教育流於急功近利膚淺鬆散，此國家有靈魂的人就愈來愈少，沒有靈魂的人會愈來愈多。國魂，變成一句空話。

教育能否深耕勤耘，關係著一個國家的國格和國運。

小時候聽故事：從前有一個老農夫，一生克勤克儉，可惜兩個兒子好逸惡勞，令他失望。臨終之時，他把兩個兒子叫到床前，對他們說：「你們的祖父去世時，留給我幾個金銀元寶，爲了防竊，我把它們深深埋在屋前這塊田地底下。以後你們耕種時，只要挖得更深一些，遲早你們都會發現。到時一分爲二，就是你們弟兄兩個的了。」

老農夫去世後，每到耕種季節，兄弟倆都格外努力，鋤頭舉得特別高，泥土翻得特別深。年復一年，卻一直沒有任何發現。但是因爲深耕，所以根深柢固禾苗碩壯，連年豐收。多年下來，他們豐碩的收穫就足足買了好幾對金銀元寶。兄弟倆這才恍然大悟，父親所說埋在地下的元寶，原來只是一句古老的格言：「只要耕耘，必有收穫。」

中國禪宗初祖達摩大師，西歸前夕，他要弟子各述個人修道心得。弟子們一一陳述，達摩分別講評。他的評語依次是：你得到我的皮；你得到我的肉；你得到我的骨；你得到我的髓。（詳見本書一二五頁）從種田到修道，隔行不隔理；用功有勤惰，成就有深淺。

有人說：台灣的宗教太多，眞正的信仰太少。又說：台灣的教育普及，但是國民的教養欠佳。因爲大家太過急功近利，凡事只在淺層著力，只做表面工夫，一味求快求量，自然難有深刻的成就，更談不到豐碩的收穫。最後只有落得粗淺、誇張。這其中有著必然的因果關係。

要跳出這個辨證的因果關係，唯有深耕勤耘。深耕，就是務實用心，要求深入徹底。勤耘，就是努力清除雜草，防止疏失偏差。

任何一個人應該也必須誠實的面對自己，以及自己的生活、工作和整個人生。佛教說人生難得。因爲難得，活得幸福一點，高雅一點，深刻一點，應該是每一個人都會有的期盼。當然，環境的因素，自身的努力，都很重要；更重要的是教育，只有健全而完全化的教育，才能培育健康而完整化的人。人生的深耕勤耘重要，教育的深耕勤耘更加重要。

面對當前一片亂象，目睹成年人爭權奪利，青少年哈日哈美，社會充滿浮華、浮誇、浮躁之風。希望國人能以深耕勤耘互相勉勵，當務之急就是調整思想觀念和生活形態，所以寫了《回歸》、《平衡的超越》、和《充實人生美化生活》等各篇。人才是國家最重要的資源，也是支撐一個興盛國家的重要棟樑，教育既是國家建設的根本，更是國家未來的希望。教育的深耕勤耘，制度、理論、方法，固然應與世界潮流接軌同步，但根本要旨則不應也不能背離我國固有的教育精神。因此寫了《回歸人本的教育》，包括《春風化雨》、《四Q齊進》和《五育並重》各篇。

筆者沒有受過專業的教育訓練，也沒有從事有系統的哲學研究，我的教育心得和我的人生理念，完全來自實際的經歷和磨練。我在東勢初中教書時，當時相當年輕，我跟學生們一起露營照相，家長問學生：「那一個是你們的老師？」但是，我帶領的童子軍團，民國三十九年，參加大台中縣地區（包括現在的台中、南投、彰化三縣）的全縣童子軍大會，一個山鎮初中竟然得到冠軍。一次帶領我兼任導師的初二女生班的籃球隊參加全縣運動大會，贏得初中組和社會組的雙料冠軍。我是老師，但我並不高高在上，而是站在學生們當中，與我教導的孩子們打成一片。這其中的經歷、感受和心得，應該可以獲得幾個教育學分才是。

至於個己人生，我出生時正逢北伐，成長時又遇上抗戰，甚麼是危險？甚麼是飢餓？甚麼是人間疾苦？甚麼叫做顛沛流離？從硝煙烽火中走過來的人必然有著具體而深刻的體驗。這些悲傷哀痛，五味雜陳的苦澀經驗，經過時間的沈澱過濾，醞釀發酵，凝聚提煉，終於釀成可以引以為慰而又有益人生的酒中極品。作為一個人，應該如何正確的面對人生？應該如何經營生活？自然形成與當前流行時尚不盡相同的觀點。

年輕時看過一部電影《遙遠的愛》，以趙丹的獨白揭開序幕：「一個時代有一個時代鳥，一個時代的鳥，唱著一個時代的歌。」或許，跟著時代的浪潮隨波逐流，是人們身不由己的無可奈何。但人畢竟不是鳥，當洪流滾滾濁浪排空而來的時候，砥柱中流，逆流而上，豈不正是顯現智慧勇氣與獨立自主的關鍵時刻。這樣的觀念已經成爲我的信仰。

因爲我信仰佛教，因爲我曾經獻身杏壇從事教育工作，把我這樣的信仰說出來公諸於世，又成爲內心熱切而迫切的願望。也許這些見地卑之無甚高論，並非甚麼眞知灼見。也許我的言論只是從一座荒野古寺中傳來的暮鼓晨鐘，伴著朝露消逝，隨著晚風遠颺。雖然鐘聲鼓聲不會改變甚麼，不會給那敲鐘擊鼓的和尚帶來甚麼，但敲鐘擊鼓是他早晚必修的功課，是他的職事責任，更重要的，這是他的信仰。

懷著這樣的信念，出版了這本書。如果比做暮鼓晨鐘，在拂曉晨曦與黃昏暮色中，但願能夠引起一點回響，帶來更多人間希望。

目錄

愚公移山和西塞佛斯

愚公和西塞佛斯

西塞弗斯是希臘神話世界中的一員，因爲觸怒了天神宙斯，宙斯懲罰他從山下搬運一塊大石頭到山上，當他搬到山上時，大石頭又從山上滾到山下，第二天他又得把大石頭搬運上山。如此週而復始，日復一日，搬運不停，極爲辛苦。但是西塞弗斯面對現實，任勞任怨；以消極的逆來順受負責盡職，以此獲得並不消極的自主和自尊。

依據存在主義哲學家的解釋，這個故事所傳達的意義是：人生在世，有陽光就有陰影，艱難困苦與生俱來，任何人也無可避免，只有勇敢面對的人，既不逃避也不屈服，才能獲得精神上的勝利，才能活得充實而有尊嚴。只有面對並接受人生的悲歡離合，無怨無悔一往直前，才能成爲自己的主人，而不致任由命運擺佈成爲它的奴隸。

在中國，愚公移山也是一個很有名的故事。《列子湯問》記載：年近九十的北山愚公，家門正對著太行、王屋兩座大山，外出或歸來都要翻山越嶺，十分不便。愚公決心把山移走，於是率領家人日以繼夜挖山不止。智叟笑他愚蠢，即使到他老死也不可能把山移走。愚公聽了說：「雖我之死，有子存焉，子又生孫，孫又生子；子又有子，子又有孫，子子孫孫無窮匱也。而山不加增，何苦而不平？」愚公的信念終於感動了上帝，派遣夸娥氏二子把山背走，一厝朔東，一厝雍南。

一個民族早期的神話寓言，往往就是這一個民族的文化源頭與文學的濫觴，它蘊涵著這個民族的人文思想和精神特質，同時寄託著這個民族內心的憧憬和希望。這兩個故事的類似之處，均以人與環境、人與神的關係以及人對命運的態度爲主題。在西方文化中，人神是隸屬的關係，人與環境是對立的關係，人與命運是鬥爭的關係。

在中國，天大地大人亦大。人與神是相互尊重彼此庇佑的敬愛關係，人與環境是彼此共存共榮的和諧關係，人與命運則是可以相互影響的變化關係。愚公移山這個故事，在中國文學史中有著很重要的地位，對廣大中國人的性格和精神也有著巨大而深遠的影響。故事給人培養一種信念，就是：「精誠所至，金石為開。」只要有決心有信心，天下沒有不能克服的困難，自然也就沒有不能完成的任務。

中華民族是一個愛好和平樂天知命的民族，為人主張溫柔敦厚，待人要求寬容忍讓。但當遭受外來欺凌侵略，或遇天然災害猛然來襲，或面對命運無情的挑戰，他又英勇無畏的奮起抵抗，不屈不撓的週旋肆應，絕不輕易屈服低頭認命。如此看似矛盾的國民性格，既可以從太極拳的「棉花裹鐵」和「外柔內剛」找到線索；愚公移山更給我們一個在文化層次、哲學領域探求解釋的機會。

愚公與西塞弗斯的最大不同，他只是一個勤儉的普通農民，不是甚麼英雄人物。他主動的要遷移一座方圓七百里高達千仞的大山，以改善他的生存環境乃至造福後代子孫，而西塞弗斯卻是接受神的懲罰，被動的往復搬運一塊巨石而已。愚公終於感動上帝，實現了他的壯志宏願。中國文化的宏觀視野與中國人的堅忍不拔，由這個故事表達無遺。

中國人的宗教信仰相當泛神化，泛神化就是甚麼神都信。實際中國人的信仰中心是敬天法祖，以倫理爲宗教。敬天就是崇拜自然尊敬自然，所以說：「人法地，地法天，天法道，道法自然。」信到最後，敬的是天，法的是祖，重視的是人性，也就是天人合一的倫理道德精神。

現代人墾荒建設，修橋築路，常常豪情萬丈，喊出：「要高山低頭，叫流水讓路。」的口號。最早以行動喊出這個口號的人就是愚公，他一切反求諸己，不怨天不尤人，敢向命運說不，最後感動了上帝。這一結果，象徵著神的人性化和人情化；相對的，理想、信仰和毅力，同樣可以讓人神性化。愚公移山所顯示的教育意義在此。

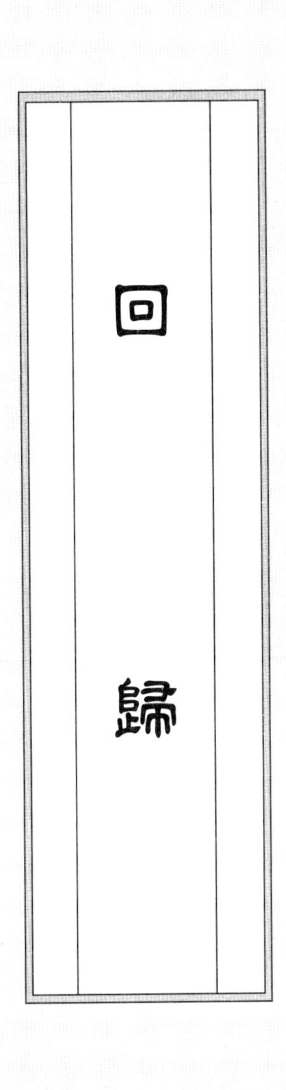
回
歸

回歸

小序

《人生最重要的探索就是發現自我，最關鍵的衝刺就是超越自己，最偉大的啓程就是追尋理想，最有意義的返航就是：回歸簡樸，回歸自然。》

環境污染和生態破壞，人性墮落和社會不安，是過度開發和拜物縱慾的必然結果，是全世界全人類的共同問題。只是台灣地狹人稠，加上黑金掛鉤，政治風氣欠佳，社會缺少公平正義的凜然正氣。上自國會殿堂拳腳交加，下至街頭巷尾槍擊刀砍，更是瀰漫著驚人的沈淪傾向。

多年以來，垃圾大戰不斷，金融經濟犯罪持續發生，數額動輒幾十億。說明台灣製造垃圾的能力很強，處理的能力卻很差。賺錢的本領高桿，侵佔掏空的手段更傑出，但是正確處理金錢的智慧似乎不足。預言台灣可能會被垃圾或金錢淹埋掉，也許是笑話，或許是寓言，但卻値得省思。

人是自然之子，天性本來善良純樸，中國文化傳統的特質，乃是以人爲本以心爲主。觀乎當今政壇、商場、社會乃至司法，尤其是每天令人怵目驚心的社會新聞，充滿虛僞的權謀狡詐和兇殘的暴戾之氣。我們不得不承認：人遠離自然太久太遠，善良純樸不見了，心靈不再當家作主，人不再是天地正氣的象徵和社會穩定的力量。終於成爲遠離自然的落魄浪子，嗜慾的奴隸，賺錢的機器，操縱權力或被權力操縱的工具。

台灣擁有豐富的歷史文化資產，雄厚的經濟實力，前景十分美好。作爲整體社會中的人，當今第一要務，不是隨波逐流追求時髦，不是虛僞奸詐爭權奪利，而是回歸人本，回歸簡樸，回歸自然和眞實的自我。

回歸人本

維持生存延續生命，是人類以及所有動物的本能。如果人類所求僅僅只是生存和延續，則人與其他動物又有何異？一般動物求生，只能盡力推遲並逐步走向死亡。人類不同，人在步向死亡的生存過程中，還能爲追求理想施展抱負作自覺而主動的奮鬥創造。易言之，人類除了求食求偶滿足慾望以維持生存外，還求仁求義作形而上的努力奮鬥甚至犧牲，進而光大生命的意義。「爲伊消得人憔悴，衣帶漸寬終不悔。」只有人類具有如此執著爲道、爲情，爲信念和理想，而不惜以身殉之的偉大精神。

在中國傳統的思想中，人與天地並立，道家主張反樸歸眞順應自然，儒家重視人倫人道，主張以人爲本以心爲主。工業革命改變了全世界的生產方式和全人類的生活面貌，隨著一波波科技文明的進展，資源的開發利用與生活的富裕舒適到達一個新的高峰。人類心靈的空虛和精神的虛脫也到達一個新的頂點，苦悶失落的吶喊，聲震四野。人類發明了許多東西，不知不覺間手段變成目的，自己也在如潮似浪的技術和產品中迷失了自己。

由於種種原因，中國在資源開發和科技發展上，始終落後於西方世界有一段距離。正因爲如此，在簡單樸素的生活領域中幸而保存了固有的倫理道德精神。守住這一道重要的防線，也許更能眞正享受民主與科學的成果。心物合一，儒佛道三位一體，允執厥中至大至剛的中華文化，終於受到西方學術界的矚目，因而喊出：「光明將從東方升起。」

宇宙浩瀚無垠，時間無始無終。人生短暫，生命渺小。但是我們無須悲觀。紀錄人類活動的歷史不朽，人類共同創造的文化不朽。只要能夠跳脫物化異化的逆流，回歸人本精神，並在生活與工作中盡其在我力爭上游，在歷史長河的文化大潮中，渺小短暫的生命就有了永恆不朽的意義。

回歸簡樸

有位學者提出警告：美國佔世界人口的百分之五，卻消耗全球四分之一的資源，如果所有國家經由開發都提高到這個水平，地球終將無力承受而趨於崩潰。人類幸福美好的未來，正確的道路不是放縱物慾向外過度開發，而是重視人的品質向內改善自己。人類的希望在教育，而非經濟。生命的基石在樸實，而非浮華。幸福的根本在精神，而非物質財富。

在人類歷史長遠的進展中，當文化活動和經濟生活超越相當水平以後，個人開始重視獨特的興趣、嗜好和理想。社會也形成不同的民風、習俗和文化。但異中有同，那就是人不僅要活著，而且要活得有意義有價值。工作和理想合而爲一，耕耘創造，以體現並提昇人的眞正價值。

在這樣力爭上游的掙扎奮鬥過程中，因爲意志的力量與信仰的導引，人類或有可能排除人慾橫流的狂風巨浪，登上砥柱中流的精神磐石，使人類的文明免於慾火自焚而土崩瓦解。至此，人類不僅走出原始獸性的叢林曠野，也走上人性人文的康莊大道，仰望並神往著光明聖潔的神性天堂。

生命之所以成爲罪惡和痛苦，基本的原因就是慾望的放縱無度，以有限的能力追求無限的嗜慾，更因貪得無厭弄得精疲力盡。眞正的幸福之道，是合理的經濟條件加上適當的精神生活，而非奢侈享樂。追求幸福是人生的基本權利，但不能縱慾無度，以免成爲脫韁野馬，後果必然不堪設想。

「有求必苦，無欲則剛。」奢華多災，貪婪多苦。艱難困苦使人發憤圖強，簡樸可以不貪不求，清靜自在，知足常樂。慾望是痛苦的泉源。而貪婪更使人在焚燒的慾火中受盡煎熬。任何社會若能保有一股簡樸自然的清流，這個社會必能回歸篤實高雅，更有品味更有活力，更加充滿希望。

回歸自然

自然是萬物之母，也是萬物生成發展之道。老子說：「人法地，地法天，天法道，道法自然。」自然孕育我們的生命，賦予我們成長壯大的力量。所以自然是最高的法則，是至眞之善和誠樸之美，也是千古不變的眞理。它養育我們，是我們慈祥的母親；它教育我們，是我們的良師益友；落葉歸根，最後又接納我們回到她的懷抱，更是我們永恆的家園。

人生在世，任何人無權也無法要求他的路途完全平坦。但可以要求自己有一顆勇敢的心和一雙強健的腳，把荊棘鏟除，把坎坷踩平，足跡所至自然就是康莊大道。因爲有災難要面對，有障礙要超越，有命運要征服，人類才擁有挑戰與回應挑戰的能力，才有機會造福當世澤及後代。

小至個人，大至國家民族，有勇氣接受挑戰並有能力作及時之回應，是生存發展的基本條件。一個民族缺乏這種條件，絕難建立鞏固而恆久的立國根基。如係個人，則很難具有堅持道德理念的大智大勇。儘管其外表華美言詞動人，或作勇敢誠信敦厚狀，實質上不是懦夫就是小人。

近代人的所犯的嚴重錯誤之一，就是違背自然之道，偏離自然之路。挾科技文明的效率和速度，採取與自然對立的態度，爲了經濟的急功近利，忽視生態保育，以既不友善又不愛惜的心情，恣意開發大事破壞。最初破壞的是大自然的山林河川土地，最終傷害的卻是人類自己及其後代子孫。

因爲高山林野的清新壯麗，翻山越嶺勇往直前的意氣風發，爬山使人離塵離俗更遠，精神靠天靠道更近。爬山就是增強挑戰能力，就是回歸自然懷抱。許多平常難以理解的問題，在雲天蒼茫間豁然貫通。唯有回歸自然師法自然，人類才能獲得身心的寧靜和諧，才能營造健康快樂的人生。

回歸自然不是隱居深山，而是離開山林仍然能以自然的心胸和風貌，回歸人間回歸生活，無論工作或生活，都能表現與自然同在的精神。這就是「胸中有山水，到處皆風景。」人道與天道也就合而爲一了。

回歸自我

太多裝飾，過分妝扮，我就不是原來的我了。人生幸福之道，其一就是洗盡鉛華，回歸本來的面貌。

人性的尊嚴，來自高度的自制力和充分的自主性。現代人享有充分自由，但自主性不足自制力薄弱，被人操縱玩弄而不自覺。有的任性率意不知有人，有的盲從附和不知有己，完全沒有謀定而動的能力和獨來獨往的精神。有人爲了一種時尚玩具大排長龍，有人強詞奪理詭辯欺人竟然面不改色。人，迷失了眞正的自我。

「我是我嗎？」對很多人講這都是一個很好的公案。找回失去的自我，正是當代人迫切而又重要的課題之一。當前人類，享受富裕的經濟生活，但也逐漸失去了深厚的文化素質與高尚的道德情懷。失去的遠比得到的更爲珍貴。原本完整獨立的人，因此淪爲金權與物質的奴隸，身不由己徬徨不安，早已不是自己的主人。學者稱之爲人的異化或非人化。

爬山讓人「深入無人之境」，站得更高看得更遠。在遠離塵囂擾攘心曠神怡的開闊、曠達與寧靜中，面對悠悠天地古往今來，人會很自然的客觀反省自己更加了解人生，在天地之間找到人之爲人的立足點，整裝再出發，爲尋找生命的意義重建人的價值與尊嚴，邁向新的人生里程。

爬山一步一個腳印，高一尺有高一尺的境界。「不經一番寒徹骨，怎得梅花撲鼻香。」翻山越嶺冒險犯難，讓你充分領略：只有自己的雙腳才能推進自己提升自己，只有自己的雙手才能掌握自己的命運。

在精神上，現代人離開自然太遠也太久了。登山就是回歸自然，回歸自然就是回歸自我。能在曠野深山與大自然和諧合一，人在精神上就不再是飄泊的浪子，心靈深處也不再孤寂無依徬徨不安。

只有找回失去的天賦之本眞本善，回歸自我做眞正的自己，人才能活得更加踏實，更有意義。

從不平衡　到不平衡

從不平衡　到不平衡

《談簡樸的生活與平衡的超越》

小序

泰戈爾說：「鳥是自由的，如果給牠戴上黃金的項鍊，牠就不能飛翔了。」過度的享受是一種腐化，過多的財富使人失去寧靜和自由。

聖嚴法師說：「其實，人眞正《需要》的東西不多，但是，《想要》的東西太多；《需要》的東西有限，《想要》的東西卻無窮。」正因爲我們擁有太多並不眞正需要的東西，所以我們可以活動的空間變得如此侷促有限。更因爲我們心裡想得太多，本來自由自在的心靈也就壓力沈重而煩惱無窮。

面對工商社會毫無節制的浮華虛榮、奢侈靡爛，簡樸的生活，或許是脫離痛苦的幸福之道。面對日漸增多的犯罪暴行如滾滾濁流，平衡的超越，可能是擺脫墮落脫胎換骨的唯一上升之路。

以人為本　以心為主

人活著就要生活；維持生存的一切活動就是生活。生活的本質，心物合一靈肉並存，是人的特質，也是人與其他動物不同之處。中國文化的傳統精神，以人爲本，以心爲主，重視人倫道德，重視精神生活。

生活的基本要素有二，就是物質生活和精神生活。物質生活就是經濟生活，包括衣食住行。精神生活就是文化生活，包括文學、藝術、道德、哲學、宗教和休閒康樂活動。文明時代的文明人，精神生活的比重應該高於物質生活；可惜呈現在眼前的事實，似乎並不盡然。

我們的傳統非常重視精神生活，一脈相承的是「人心惟危，道心惟微；惟精惟一，允執厥中」的心傳。孔子上集往聖之大成，下啓後代之新統，其思想要義以仁爲中心。對己之仁爲忠，忠於人之所以爲人的天性，修己立誠。對人之仁爲恕，推己及人；己所不欲，勿施於人；己立立人，己達達人。忠恕二字皆從心，說明忠恕之道乃是以心爲主的道德情懷。現代人以自我爲中心，卻又以物爲本以人爲從，人就變成了物質和慾望的奴隸。

孔子說：「士志於道，而恥惡衣惡食者，未足與議也。」又說：「不義而富且貴，於我如浮雲。」孟子重義利之辨，他把仁的理想具體而又行爲化。孟子並不排斥功利，但是更重仁義。他說：「生，亦我所欲也；義，亦我所欲也；二者不可得兼，捨生而取義者也。」道家的恬淡無爲，佛家的明心見性，相互激盪水乳交融，使儒家思想於執中務實、致用淑世之外，更加澄澈空靈，愈益重視以仁心爲本以義行爲用的精神力量。

不料時至今日，物質文明的浪潮洶湧而來，犯罪新聞連篇累牘，證明東西文化角力拔河一百多年，我們的教育並未能把國民的思想精神武裝起來，有的拜物縱慾成爲物慾的奴隸，有的趨炎附勢成爲權力的鷹犬，有的盲目崇洋成爲外族的附庸。既喪失了人格的自主性和自尊心，也顚倒了人與物之間的主從關係。隨波逐流盲從附和，與以心爲主的人本精神漸行漸遠。

在這個迷霧漫天的時代裡，在這個濁流洶湧的社會中，很多人看起來自信十足而又積極進取，實質內心徬徨無主，既無高遠的理想，亦無正確的方向，隨俗浮沈，沒有原則也就沒有堅持。人，成了迷途的羔羊。

一個迷失的時代

無可諱言，這是一個迷失的時代。大多數人迷失於物慾的追逐，繁華的嚮往，和權力的爭奪之中，不但扭曲了人性失去了眞我，也把人生發育成長的健康過程和文明進步發展的正常軌道完全的扭曲變形。

大家不擇手段爭權奪利，一窩蜂的追求時尚新潮，享受鮑魚名酒紙醉金迷。政壇明爭暗鬥，商場投機取巧，街頭巷尾則犯罪日益猖獗。爲了一己之私和短暫的歡樂，沒有甚麼不可做不敢做。社會成本由全體國人負擔，嚴重後果由後代子孫承當。權力使人瘋狂，財富使人腐化。影響所及，人性漸漸泯滅，道德步步淪喪。對一個社會來說，十分可憂也非常可怕。

更可怕的是，這些人做這些事，竟然恬不知恥面不改色，以爲理所當然天經地義。社會也習以爲常，法律則無可奈何。更可憂的是，上行下效，同輩感染，不斷蔓延擴大，不知伊於胡底！沒有一致的價值標準，也就沒有一致的道德判斷。至此境地，社會焉能不亂，人心焉能不壞！

這些人悖逆人情背離人性；其實也是掘井自沈，作繭自縛，飛蛾撲火。那井就是物質崇拜，那繭就是名韁利鎖，那火就是熾烈燃燒的慾望。如何才能遏阻這些虛榮頹廢靡爛淫逸的歪風呢？如何才能拯救人性的墮落和人道的崩塌呢？唯一而又簡單的解救之道，就是回歸簡樸的生活。

簡樸生活的意義和價值

物質富裕精緻，生活不虞匱乏，固然十分可喜。但是人性自私墮落，性情暴虐無情，精神病患和少年犯罪不斷增加，更加令人憂心忡忡。如果細察深思，這憂喜兩種現象之間似乎有著辯證的因果關係。說得明白一點，社會越是崇尚富裕奢華，崇拜追求物慾享受，人性必然日趨冷漠殘酷，人際之間必然更加刻薄寡恩無情無義，人心也就只有陷入孤寂和痛苦之中。

古人畫梅，貴簡不貴繁，貴淡不貴濃。齊白石的畫用筆簡單畫面素樸，但是意境無限深遠。這正象徵中國文人的生命理念和人生境界。古今許多高尚之士，即使家財萬貫，生活依然力求簡單樸素，以免受制於物慾的腐蝕和生活中的繁文縟節，盡情享受精神的奔放心靈的自在。簡樸的人生簡樸的心靈，既是一份恬淡適意高雅安詳，也是一種純眞的善和藝術化的美。

簡樸的心靈，對審美和創造美，有著格外強烈的衝動和渴求。簡樸是思想的土壤道德的根源；也是藝術的土壤美的根源。簡樸的生活，除了心曠神怡落拓自在，它還具有多方面的意義和價值。分別簡述於後。

哲學理念：哲學是愛智之學，哲學智慧使人對天文地理人事有著更敏銳的觀察和理解，對生命意義和人生價值，也就有著更崇高的期許，更能洞察宇宙的眞理和人生的本質。簡樸生活與哲學理念相輔相成，了然浮生若夢，權貴繁華只是過眼雲煙。不朽的是人的精神和智慧，以及由精神智慧創造的道德、功業、創作。宮庭豪門爲了權力財富，常有明爭暗鬥甚至骨肉相殘，但在簡樸之家則絕少發生。簡樸與恬淡豁達同根相生，是高貴生命的一部分，高尚人格的一部分，它形成一個人有所爲有所不爲的獨特風貌。

道德價值：一個人的心靈所以被污染，人格所以遭破壞，道德所以會崩潰，原因不外：一是能力有限慾望無窮，追求感官刺激貪圖安逸享受。一是貪得無厭有求於人，不得不出賣靈魂受制於人。弘一大師說：「事能知足心常愜，人到無求品自高。」簡樸生活知足常樂，物質需求十分有限，不必低聲下氣屈膝求人，不屑投機取巧結黨營私。簡樸爲清高廉潔提供了堅實的基礎，其無求無爭謙恭禮讓，正是道德之楷模。不僅可以推行「導之以德，齊之以禮」的德治；更有助於實現「刑期無刑」的法治理想。

教育功能：現在從家庭、學校到社會，到處流行媚俗文化。為人父母者大多過度溺愛兒女，善盡「孝子」之責。老師不敢嚴加管教，深怕下課以後被可畏的後生「修理」。社會更是諂媚青年成風，商人為了賺錢，政客為了選票，使青少年儼然成為社會中的一群嬌客，「只要我喜歡，有甚麼不可以！」奇裝異服特立獨行，我行我素旁若無人，動輒拳腳交加刀光劍影。

古諺說：「棒打出孝子；慣養忤逆兒。」以現代的觀念衡量，這兩句話不一定對也不一定可行。但是對照現實衡量道理，也很難全盤否定。家庭和學校，勉勵子弟勤儉簡樸，應該也是教育的重要課題，免得下一代在爭逐浮華比賽時髦的狂瀾中沈淪滅頂。許多少年犯罪案例中，林口駕駛百萬名車的兒子手刃雙親，最為令人驚心動魄，卻絕對不是偶發的個案。

社會影響：有求必苦，無欲則剛。勤儉簡樸，在任何時空條件之下，都是永恆的美德。簡樸可以不貪不求，安於清貧知足常樂。少年犯罪之所以有增無減，原因是這些新人類從小養尊處優，既不勤勞又不節儉。慾望大過自己的能力，對他人的要求多過自己應有的付出。任何社會若能保有一股簡樸自然的清流，這個社會必然更加清新，更有品味而又充滿希望。

我們不必反對社會的發展進步，也不必抗拒經濟的富裕繁榮，但是絕對不能過度腐化放縱，一切都要任運自然。勤儉簡樸的生活，對個人是培養一種美德，對社會是扭轉浮華歪風，進而建立簡樸渾厚的良序美俗。大家安於簡樸，倫理道德的重建自然瓜熟蒂落，刑期無刑的法治理想也會水到渠成。而大家所要用心與致力的，只有簡單兩個字：「簡樸」而已。

歷史發展的三個階段

英國史學家湯恩比說：「文明程度的高低，就看我們和原人相隔多遠，和超人相距多近。人與原人之不同，在於精神活動的有無；超人與人的差別，在於精神生活的高低。」

根據這樣的史觀，人類歷史的發展爲三個階段，就是原人時期，凡人時期和超人時期。原人時期極像嬰兒，先天動物性本能的滿足，成為生活的重心。天眞爛漫縱情任性，缺乏自我反省和自我約制的能力，喜怒哀樂取決於生理的需求和滿足。除了對母愛的依賴，精神生活的比重極低。

往後，大地曙光初透，經由石器時代，進入銅器鐵器時代，文明降臨。人生也由童稚進入青壯之年，在生活上懂得享受精神生活，並從其中獲得趣味和滿足。對精神與物質，情感與理智，權利與義務，知道追求保持平衡。此一階段，人類知道約制獸性見賢思齊，弘揚人性互愛互助。

由於歷史的發展和文化的成長，人類開始追求智慧圓融與功德圓滿，努力以意志調和心物駕馭情感。生活上精神重於物質，以求心靈之淨化與人格之提昇。在人際之間義務重於權利，由「君子禮尚往來」進一步成為「既以為人己愈有，既以與人己愈多。」人性向神性昇華，即使不能內聖外王，至少可以「隨心所欲而不踰矩。」這就是大同世界的超人生活。

由此可見，歷史發展的進步趨勢，就是精神生活和物質生活的拔河，彼此拉扯相互消長，由不平衡到平衡，再由平衡到不平衡，理想的結果，應該由精神壓倒物質取得最後的勝利。當然，這是一個相當高遠的理想。

平衡與平衡的超越

在物理學的範疇中，平衡有三種意義：一是兩種以上的力量彼此制衡因而形成均衡安定和發展。一是力量的作用用在最適中的一點上。還有就是天秤所表現的狀態。從一般人生的觀點而論，平衡是一種健康美好的狀態。但從哲學理念和道德範疇的立場省思，更理想的境界則是平衡的超越。

大至宇宙的生成，小至地球的運行，乃至萬物之相生相剋相輔相成，都是由平衡所形成的或短暫或永恆的安定和諧。此外如建築凌空聳峙，飛機起飛降落，人體的正站、倒立、奔馳、跳躍、飛舞、旋轉，都依賴著無所不在的平衡作用。平衡是自然界普遍存在的偉大力量，也是宇宙間最神奇最美妙的現象。追求平衡是人類健康美滿生活的一個指標，沒有平衡就沒有存在。

超越平衡則是生命更上一層樓的理想境界，沒有超越就沒有提昇。

精神超越物質

易經繫辭上傳：「形而上者謂之道，形而下者謂之器。」朱子解釋：道爲道理，器是形跡。形而上是抽象的，是道是理；形而下是具體的，是器是物。物質雖然具體有形，但是由物質製成或變化改造的東西，存在都很短暫，終必腐朽而化爲烏有。精神雖然無形無質，但卻亦剛亦柔可大可久。由精神作用所凝聚形成的東西，如宗教的道，哲學的理，科學的定律，文學藝術創作的美，都可以歷經千年萬世而永恆不朽。

超越平衡，最重要的就是精神超越物質。宗教家之苦行修煉，讀書人之恬淡寡慾，就屬這個層次。物質享受易得滿足快感，但沈醉放縱的後果可怕。有人因醇酒美人斷送前途，有人玩麻將梭哈輸掉命運。但精神世界卻是一片廣闊天地，「海闊憑魚躍，天空任鳥飛。」讀書神交古人，欣賞藝術深入意境渾然忘我，遊山玩水情境交融天人合一。「江上之清風，山間之明月，取之無禁，用之不竭。」既不會沈淪迷失，也不必據爲己有。

一個人想要成爲抬頭挺胸的正人君子，頂天立地的大丈夫，合理而簡樸的生活是必要條件。如欲更上一層樓，成爲備受大眾尊敬景仰的智者，充分條件就是平衡的超越。易言之，精神生活的境界必須超越物質生活的條件。精神超越物質並不意味必須壓低物質條件，亦非放棄富裕回到貧窮。而是以精神的不斷擴張取代物質的無限饜求，回歸簡樸，回歸自然。

能力超越慾望

平衡的超越在不同的領域中，有著不同的方式，不同的作用，不同的層次和不同的意義。

另一個基本的超越，就是能力超越慾望。羅素說過：「快樂，就是慾望與能力的平衡。」現代人正好與此相反，大多數人都是慾望超過能力，慾望無窮而能力有限。能力之龜與慾望之兔賽跑，愈想快樂，與快樂的距離反而愈來愈遠。我們應該勤懇努力發展能力，節儉簡樸抑制慾望，使能力變成兔子慾望變成龜，形成第二層次的超越，讓快樂擴大、變質、升高。

超越了能力與慾望的平衡，慾望趨於合理適度，能力就有餘裕。對這餘裕的能力，慳吝成性的人可以擁資自娛，急公好義之士用以行善助人。後者正是中國人一貫的生命理想。禮運大同篇：「貨惡其棄於地也，不必藏於己；力惡其不出於身也，不必爲己。」快樂遂由一己之私，一變而爲與人分享與眾共樂。

能力超越慾望，是個人心智能力和人格的完美成長。更進一步，義務超越權利，則是整體社會秩序和大眾道德情懷的提昇，不僅可以增進社會的和諧安定，更可增加人際之間的禮讓之風與祥和之氣。精神超越物質形成高尚的人生，能力超越慾望形成快樂的生活，義務超越權利則形成謙恭禮讓、安和樂利的理想社會。

茅廬竹窗沒有豪華裝璜，布衣素食沒有珠光寶氣，燭光搖曳沒有電炬亮麗耀眼，平實平淡沒有五光十色，但卻有著更豐富燦爛的人文色彩。

超人之路

天堂不是特定的空間；完美就是天堂。平衡的超越就是爲了追求完美，亦即追求人格的超人化和社會的天堂化。天堂在那裡？如果大家都能精神超越物質，能力超越慾望，義務超越權利，天堂就在我們腳下，就在我們伸手可及之處，就在我們立身行事待人接物的言談舉措之間。

精神爲性命之正，得之天地養之性靈，乃精微之道心。物慾爲形器之私，寄於肉體起於情欲，乃危險之人心。精神超越物質，能使微者明；道心主宰人心，可使危者安。精神超越物質爲德，能力超越慾望爲智，義務超越權利爲仁。在力行實踐時，選擇理想超越現實，堅持原則超越利害，爲勇。勇者，臨財毋苟得，臨難毋苟免；居仁行義，雖千萬人吾往矣！

進一步對比：只有物慾本能者，獸；精神物質平衡者，人；精神超越物質者，超人。貪取吝予者，小人；取予有道者，君子；多予少取甚至只予不取者，聖人。從不平衡到不平衡，是一個脫胎換骨的過程，也是人類向前邁進向上提昇的光明大道，有著極其深刻的意義和非常恆久的影響。

超越之路，就是天堂之路。

回歸人本的教育

回歸人本的教育

書經泰誓：「惟人萬物之靈。」禮運：「人者天地之心，五行之端也。」說文：「人，天地之性，最貴者也。」書經集傳：「萬物之性，惟人得其秀而靈，具四端，備萬善，知覺獨異於物。」人乃天之驕子，萬物之靈。

人本教育的意義，就是教育應該以人爲本；易言之，人是教育的主體。教育之要旨，應該以學習做人爲根本，知識次之，以爲社會培養健全而完整的人。健全完整的人，就是心智沒有殘缺，人格沒有污損，思想行爲沒有嚴重偏差。

春風化雨

人是父母生的。但現代化的文明人，完整健全的人，傑出能幹的人，卻是由教育薰陶培養的。教育不僅訓練智能體魄，還陶冶鑄造優美情操和高貴心靈。教育是春風化雨，它栽培修剪、灌溉滋潤，使人欣欣向榮健全成長。先有健康的教育而後有健康的社會，而後有強盛的國家。教育的好與壞，對個人對國家，都極其重要。

因爲知識可以作爲謀生工具，爭取功名富貴，滿足虛榮享受。於是乎現代教育的重心，似乎就是傳授知識或是販賣知識，只求專精只講成績，有的學校被人稱爲「學店」，這兩個字十分傳神。意味著師道不存，杏壇晦暗，實在是教育的最大偏差和嚴重墮落。

論語說：「入則孝，出則悌，汎愛眾，而親仁，行有餘力，則以學文。」儒家傳統教育十分重視培養「人之爲人的特質與品格」，就是人格。教育是人性的營養劑，人道的裝配線，基本任務就是教人如何立身做人，其次才是做學問。韓愈說：「師者，所以傳道、授業、解惑也。」老師的第一責任，就是傳承爲人處世之道，授業、解惑，其次也。

過度功利現實的另一可憂現象，就是教育失去教化的正面功能，形成人的異化，明白說就是人的非人化。在喪失靈性的退化過程中，蘊藏著非常嚴重的道德隱憂和文明危機。如何從精神文明倒退人性異化的逆流中把人挽救回來，是當前教育工作最重要最神聖的使命。

四Q齊進

教育界重視智商《IQ》（Intelligence Quotient）爲時已久，用科學化的心理測驗，以數字量化一個人的智慧和學習能力，已經行之有年。等到清大發生研究生情殺案，政大研究生放火，台大大學生搶劫婦女財物、研究生偷竊校內電腦，加上青少年集體鬥毆飆車殺人事件層出不窮，大家開始警覺，智商不是成功的唯一因素，也不是防範誤入歧途的充分條件。只重知識傳授的狹義教育，更不能與春風化雨畫上等號。

於是掀起一陣討論情緒智商《EQ》（Emotional Quotient）的熱潮。隨之有人呼籲，應該更加重視道德智商《ＭＱ》（Moral Intelligence）。學校不能只是傳授知識重視專精，應該更加重視道德情懷的陶冶以及自我情緒的調適能力。爲了根治社會亂象，有人主張加強公民智商《ＣＱ》（Citizenship Quotient），培養關懷社會、尊重他人、奉公守法的精神。

《ＩＱ》是智慧和理解力的指標，代表一個人學習進步的能力。《ＥＱ》是自我情緒約束控制的指標，代表一個人冷靜穩定的能力。《ＭＱ》是指自愛自重、自律自尊，代表自我反省自我提升的能力。《ＣＱ》是指潔身自愛積極進取，關懷社會熱心公益。四者如果齊備並進，這個人必然心智成熟人格健全，有益於自己的前途，當然也有益於國家社會的發展。

傳統教育精神

時代進步了。我們必須面對新的思潮，接受新的觀念方法，科技生產如此，教育爲新時代、新思潮、新觀念的搖籃，當然亦復如此。我們既不能守舊不變，更不可能復古。但創新必須在傳統的基礎上進行，沒有傳統就沒有創新，所以創新不是也不能捨棄傳統。我國的歷史悠久文化淳厚，教育方面確有許多正確的原則和有效方法，形成千古不變也不必變的優良傳統精神，其中較爲人知者，如有教無類、因材施教、誨人不倦和以身作則等等。

回顧我們的文化歷史，檢視我們的教育傳統，不僅重智，而且四Q並重。在相關文獻史書中，都能找到類似的概念和精神。智育方面，儒家強調知書達禮，明理達道，主張智仁勇兼備。孔子說：「好學近乎智，力行近乎仁，知恥近乎勇。」又說：「智者不惑，仁者不憂，勇者不懼。」鼓勵人好學重智積極進取。所缺者只是沒有對《IQ》作數據測量而已。

對於自我情緒的調適和控制，中庸說：「喜怒哀樂之未發，謂之中。發而皆中節，謂之和。中也者，天下之大本也。和也者，天下之達道也。致中和，天地位焉，萬物育焉。」其中的道理，涵蓋了宇宙原理和個人情緒心理。能夠謹守中和之心，善養中和之氣，非禮勿言非禮勿動，言談舉止中規中矩，不表現乖張暴戾，不任意侵犯他人，彼此和諧快樂，天下自然太平。學問修養，就是對情緒的調適與駕馭能力，不輕易受到它的騷擾牽制。這與《EQ》的功用相較，可說有過之無不及。

中華民族最爲重視倫理關係與道德規範。老子說：「道生之，德畜之，是以萬物莫不尊道而貴德。」倫理是人與人的基本關係，規範這些關係的就是道德。人的一切善行才藝，應該行之以禮，成之以義，守之以廉，明之以恥。禮義廉恥爲道德之具體化，是個人立身的根本，也是國家立國的根基。你希望人家怎樣待你，你就應該怎樣待人。反過來說，「己所不欲，勿施於人。」這就是處世的最高原則，也是道德《MQ》的最高境界。

談到群體意識和社會責任，中國人尤其是讀書人，有著極爲崇高的理念和優良的傳統。因爲「皮之不存，毛將焉附。」所以知識份子的進退不以個人利益爲唯一考量，總以國家社稷爲重。「天下興亡，匹夫有責。」個人的理想和抱負，要與國家社會的需要相結合，要有「以天下爲己任」的胸襟懷抱。禮運大同篇：「力惡其不出於身也，不必爲己；貨惡其棄於地也，不必藏於己。」更是一種捨己爲人和大公無私的具體寫照。把社會終極關懷奉獻《CQ》的崇高理念，完全體現無遺。

四Q不是舶來品，也不是新潮流；我們本來就有，而且非常深刻。

五育並重

智識爲對外界事理物象的洞察力；情緒是自我感情調適的穩定性；道德是對是非善惡對錯可否的判斷堅持；社會意識是對社會群體的公益心和責任感，對五倫以外之他人的尊重，大家稱之爲第六倫。在我國教育發展歷史中，四Q的精神和目標，大致都涵括在傳統的教育宗旨之內，成爲傳道授業解惑的中心課題，也是爲人、立身、行事的基本要求。

不管時代怎麼進步，讀書人必須好學力行發憤圖強。即使不能以天下爲己任，起碼也要長幼有序，進退有節，守禮尚義，明廉知恥，有所爲有所不爲。這種完整的人的教育理念，古代稱爲六藝教育。近代國人較少騎馬射箭，故稱「五育並重」，要求德智體群美的均衡發展。

目前大家一窩蜂學新鮮趕時髦，沈迷哈日哈美，哈貓哈熊，外來的和尙會念經，外來的玩偶更可愛。時下談「五育並重」，可能曲高和寡。這一代的新人類，《EQ》的調適約束不足，《MQ》的陶冶修養欠佳，更缺乏《CQ》的社會責任觀念。《IQ》掛帥，學校重視考試成績，家長希望子女出人頭地，眞正重視五育均衡培養健全人格的學校和家長，並不太多。

教育爲國家百年樹人大計。必須恪守基本的原則，堅持應有的理念，不能隨波逐流逢迎媚俗，不應鼓勵炫新耀奇捨本逐末。教育不是製造背誦知識的機器和放縱情慾的怪獸。無論四Q還是五育，教育必須以人爲本，回歸於人性、人格、人道以做人爲主的正軌中來。

人之爲人，至少應該知道辨別善惡正邪，選擇是非對錯，追求遠大的理想，堅持正確的原則，這是教育最起碼的要求。虎不食子，馬不欺母。但是我們的社會，經常出現逆倫、寡情、不義、無恥的犯罪悲劇。倫理是家庭支柱，國家棟樑，支柱斷裂棟樑傾倒，國家社會怎能安然無恙。文明社會一旦變成叢林世界，那時再後悔就太遲了。

四有　四為　四維

教育，承擔著歷史的繼往開來，又肩負文化的承先啓後，在歷史的長河中砥柱中流，在時代的浪潮中力挽狂瀾。教育工作者好比牧羊人，如果你飼養的一百隻羊有一隻不見了，當然要把那迷失的一隻羊找回來。但是更大更重要的責任，必須努力不要讓其餘的九十九隻羊再有迷失。教育工作者立足杏壇爲人師表，清高神聖，必須有愛心有理想，有原則有堅持。絕對不能因循敷衍，隨波逐流。

戰國時代，社會動亂人心險惡。孟子說：「無惻隱之心，非人也；無羞惡之心，非人也；無辭讓之心，非人也；無是非之心，非人也。」針對人性的墮落，他把話說得十分嚴格而又沈痛。又說：「惻隱之心，仁之端也；羞惡之心，義之端也；辭讓之心，禮之端也；是非之心，智之端也。」當今之世，人們待人接物，四心中能有二三已屬難能可貴，眞正四心兼備，雖然不是鳳毛麟角，事實上恐怕也的確不多。

教育工作是構造文明理想推動歷史進步的工作，教育工作者，是人類靈魂的工程師，「傳道、授業、解惑」的目的，就是要爲受教者細心塑造一顆辨別是非的智慧頭腦，培養一顆去惡向善的高貴心靈。天下無可以不教之人，亦無不可以教之人。經過教育的春風化雨切磋琢磨，使人眞正成爲一個完整、健全、高貴的人。四心兼備乃是基本條件。

宋儒張載說：「爲天地之心，爲生民立命，爲往聖繼絕學，爲萬世開太平。」作爲眞正的知識份子和政治家，這是理應具有的崇高理念和恢弘器度，但就當前社會的狀況而言，陳義太高，能夠做到的人實在太少。

禮義廉恥「四維」，可是我們中小學的共同校訓，是優良國民必須具備的基本修養。簡要言之：禮者理也，「禮也者，理之不可易者也。」不守禮不講理，嚴格的講都不是人，所以「禮是規規矩矩的態度。」義者宜也，事之正而宜者爲義。君子見利思義，行義以達其道。所以「義是正正當當的行爲。」對人，義是最大的信；對己，義是最大的忠。廉者就是有所爲有所不爲，有所取有所不取，所以「廉是明明白白的辨別。」廉者進退取予，必然有所堅持，決不同流合污隨俗浮沈。恥就是自覺的羞愧之心。孟子說：「人不可以無恥，無恥之恥無恥矣！」苟能以無恥爲恥，就是知恥近乎勇，必能盡雪前恥改過遷善，所以「恥是切切實實的覺悟。」可惜今天大家一味追求專精爭取成績，眞能以言教身教鼓勵學子實踐禮義廉恥者不是很多。實在是教育的偏失和社會的隱憂。

人性本善，但因人的自私貪婪，乃使人性因污染而失去純淨，因誘惑而失去善良，因扭曲而失去率眞，由本善而漸漸趨於虛僞邪惡乃至異化而非人化。人之所以爲人，就是具備惻隱、羞惡、辭讓、是非之心，起心動念言行舉止就是應該遵行禮、義、廉、恥。這是四海皆準千古不變的文明人的基本條件。側身黌宮爲人師表，立足杏壇扮演園丁，最重要的職責和使命，就是鼓勵青年學子嚮往「四爲」，具足「四心」，實踐「四維」，將來都能成爲一個高尚健全而又完整的好人。

信仰與人生

信仰與人生

人間五彩繽紛，五花八門，惟有正確而堅定的信仰，可以避免迷失方向，誤入歧途。人生是一場鴻門宴，危機四伏五味雜陳，只有信仰堅定成竹在胸，才能談笑風生，品嚐清淡醇厚的美味，不致失足中計，飽嚐悲傷失落的痛苦滋味。

信仰是對自然的崇敬，對自我的肯定，昇華思想，導引行爲，建立自尊自信，鼓舞自強不息，帶來向善向上的力量。信仰使人有所嚮往，有所追求，有所堅持，有所奉獻，鍥而不捨的一往直前。有正確堅強信仰的人，不會軟弱，不會怯懦，不會墮落，不會隨波逐流；使高尚的人更加高尚，有智慧的人更有智慧，勇敢的人更加勇敢。

有信仰是一件好事

沒有信仰的時代，必然動盪不安；沒有信仰的人生，一定徬徨不安。

天空的飛機，海洋的輪船，陸地的汽車，這些高速航行的運載機體，總有一個駕駛舵或方向盤，以操控它們行進的方向。如果沒有舵輪，就會橫衝直撞，後果實在不堪設想。

人在時空交會的道路之上，也是一個不斷前進的機體，當然需要一個舵輪掌握生命的方向，這個舵輪就是信仰。信仰是天空的北極星，是人生的指南針，是前進的方向舵。沒有信仰的時代是擺盪的時代，沒有信仰的團體是衰弱的團體，沒有信仰的人生是空虛的人生。

信仰是人類特有的思想功能，也是人類特有的自由權利。生而為人而又具有堅定的信仰，好比森林中的一棵大樹，根深柢固枝葉繁茂，具有堅強的生命力。有信仰而不堅定，好比盆栽，土薄根淺發展有限。至於沒有信仰的人，類似花瓶中的插花，或許一時多彩多姿，畢竟無土無根，很快就會歸於腐朽凋零，而被棄置於垃圾堆中。

信仰的涵蓋面很廣，舉凡不同的政治理想，經濟社會問題解決的途徑和方法，不同的學說或理念，都與信仰有關，固不止宗教而已。但一般人提到信仰指的多半還是宗教信仰，其對人心的淨化社會的安定，宗教信仰十分重要。眞正具有宗教信仰的人，胸懷寬厚心地仁慈，道德高尚行爲坦蕩，從他的面容、眼神和微笑中，就能隱約看到天堂與淨土的存在。

信仰甚麼才能得救？

民國八十五年下半年，相繼發生不少駭人聽聞的重大社會新聞，如黑道勒索槍擊殺人，公共工程綁標圍標，地方行政及民意首長涉及貪污、殺人或被人槍殺，街頭抗爭以暴力相向，連勸人行善積德慈悲愛人的宗教界，竟然也爆發連串詐財騙色的醜聞，社會爲之嘩然！

所有動物植物都有求生本能，唯人類能主動排除生存險阻，有超越障礙克服艱難的智慧和能耐。工作生活之餘，也有追求心靈寄託和精神永生的崇高願望。宗教活動由此濫觴，人類文明由此起步，終至成爲推動人類向上提昇歷史文明向前進展的重要力量之一。

宗教信仰使人思想出塵脫俗，心靈寧靜自在，進而具有更高的道德修養和思想情操。有宗教信仰的人絕大多數和善、正直、慈愛而樂於助人，往往擁有更美滿的家庭和更良好的人際關係，信仰虔誠等於道德高尚，對大眾的愛心和對公益的關懷，也成爲宗教信仰的基本要義。

由於時代變化社會轉型，誘惑太多壓力太大，社會大眾的心靈空虛精神孤獨，乃給宗教帶來發展的機會，同時也帶來挑戰。挑戰來自兩方面：一是本身的適應不良與污染變質，一是邪教乘機而興魚目混珠。有的只求名聞利養唯利是圖，有的聲稱末世將至，或鼓勵信徒集體自殺，或聚眾生事興風作浪，荒誕不經千奇百怪。最大的荒謬是：有人相信。

於是，魔鬼披著聖袍冒充救主，騙徒大言不慚冒充大師至尊，以狡黠欺詐僞裝仁慈智慧，或自稱是上帝使者，或自稱是佛陀轉世，愚弄無知大眾，極盡欺世盜名之能事。原本渴望遇到救主登上方舟，結果出乎意外，救主不是瘋子就是騙子，而方舟只是一堆沒有浮力的腐朽稻草。

台灣有人拜神，有人拜佛，有人拜鬼，甚至有人拜石頭拜大樹。所以有人說：台灣的迷信很多，眞正的信仰很少。一種迷信化、低俗化、商業化和江湖化的迷信，如何能夠解脫自在去苦得樂，又如何能夠產生道德情懷以扭轉社會的頹風挽救文明的危機？

安身立命之道

儘管如此，光明正大美好幸福的人生，必須有一個堅固踏實的安身立命之地，正確的信仰是必備的基本條件。如果先知聖者所要給予眾生的是慈悲和關懷，而信仰者所追求的是智慧和覺悟，以及光明磊落的生命價值，宗教內外都有一超直入之路和頓悟成佛之道。

宗教之內，心即是佛。宗教之外，人成佛成。

儒家以倫理道德代替宗教信仰，「子不語怪力亂神」，直截了當直指人心，要人知命知性知天，盡己盡性盡忠，腳踏實地面對人生，好學深思，先做好俯仰無愧的君子，頂天立地的大丈夫。然後克己復禮，律己安人，仁民愛物，普濟天下蒼生。從正心誠意，經修身齊家，到治國平天下，一步一步，完成人生終極淑世的理想目標。

近代有人主張以美育為宗教。以美的教育潛移默化，美化心靈，美化人格，美化人生。有了美的情操，耳聞目見無物不美。有了美的性格，音容笑貌舉手投足，處處流露高雅之美。至眞之美即善即聖，天堂就在心中，淨土就在腳下。宗教信仰的終極，亦不過如此而已。

當然，倫理與美育難以取代宗教的歸依感和神秘性，如果能從道德修養和美育陶冶中取得心靈淨化和精神提升，進而獲得尊貴的靈魂和高潔的人格風範，實與宗教信仰殊途同歸。心智人格更獨立，自尊自信更堅強。因此不容易受騙上當，更不會助長邪門左道歪風的盛行。

當僞先知假聖者充斥之時，於思想領域尋求安身立命之道，是回歸理性尊重人權的明智之舉。人非綿羊，即使宗教信徒依然具有獨立的人格，天賦自我反省、自我向上的能力，和獨立思考、獨立判斷的權利。憑藉這些天賦的能力和權利，就可以明辨是非善惡，恪守人倫光大人性，有爲有守，警惕自己不要墮落。由此向上一步，就是成佛成聖之路。

儒家主張自立自強，成聖成賢操之在己。所以說：「堯何人也，舜何人也，有爲者亦若是。」六祖惠能大師倡導自性歸依：「佛者覺也，法者正也，僧者淨也。」也是反求諸己。佛家的「心即是佛」，儒家的「良知即天理」，其宗旨都在闡明：人道就是佛道，就是天道。

孔子敬鬼神而遠之，又說：「不知生，焉知死。」他要我們回歸人間落實生活，恪守人道，重視人生價值。當社會亂象叢生，宗教活動呈現良莠不齊之時，大家應該嚴肅思考於宗教歸依政治信仰之外，同時建立基本而理性的人生信念，以樹立社會正確的價值標準。

對此，提出下列四點建議：

一、信仰眞理

天地之間的一切事理物象，包括抽象的精神和道理，只有眞實而合理的存在，才是有意義的存在。其他的虛幻、假象和僞裝，不是謊言就是欺詐，非但一文不值，而且毫無意義。

在一個眞假混淆，善惡難辨，是非不分的時代裡，顯正破邪，信仰眞理堅持眞理，乃是力挽狂瀾的重要大事。只有把眞理彰顯出來，讓是非黑白有明顯的分界，眞假善惡美醜有清楚的區分，社會才能有一個鮮明的價值標竿樹立起來，社會大眾有心向善，才能有一個認同的標準，思想言行有正確的認知，才有正確的選擇和堅持。

眞理，就是眞實存在、普遍適用、永恆不變的道理。宇宙的誕生，生物的演化，文明的肇造，莫不理有所本，眞實合理的才能存在。宋儒主張心即理理即天，良知即是天理，人道即是天道。立身爲人，態度合理爲禮，行爲合理爲義，取捨合理爲廉，自省合理爲恥。所以在天爲道，在事爲理，在人爲德，在人際爲倫理，在宇宙就是眞理。

二、追求公義

天道大公，陽光普照，雨露均霑，完全大公無私。人道仗義，路見不平拔刀相助；仁人志士，可以捨生取義，不可苟且偷生。所以人間有俠者替天行道，有君子正氣凜然，有仁者義薄雲天。

公就是無私無我，義就是合情合理合法。一個人要絕對大公無私，一言一行處處正氣凜然，並不容易。但是若想建設一個正義公道平等博愛的理想社會，這個社會中的每一個成員，都必須具有追求公義的意願和捍衛公義的決心。否則，想要鏟除特權利益，消滅徇私舞弊，打擊強凌弱眾暴寡富壓貧的不合理現象，根本上就沒有可能。

在分工合作的群居社會中，公義乃是人間最高的眞理；從倫理道德的觀點看，心正行直奉公守法，也是人生最高的價値。居心不公言行不義。不講理和不擇手段，是造成社會亂象的最大原因；人際關係因而疏離緊張，明爭暗鬥永無寧日。社會的祥和溫馨，人際的平等博愛，全部建築在公義的基礎之上。追求公義就是追求公平合理和諧安定。

三、堅持誠信

兩軍交戰，政治鬥爭，外交折衝，運用謀略是必須的。上兵伐謀，惟有「運籌帷幄之中，」才能「決勝千里之外。」但是平常爲人處世經營事業，誠實是最好的謀略，信用是最大的資本。

誠就是居心眞誠待人誠懇，信就是一言既出駟馬難追。坦蕩誠信，一諾千金，君子也；虛僞狡詐，輕諾寡信，小人也。孟子說：「人之異於禽獸者幾稀。」雖說幾稀，畢竟有所不同。人之異於禽獸，君子異於小人，誠信就是一個判別標準。言必守誠信，行必守禮義，堅持大是大非的原則，維護善惡美醜的的價值標準，才是眞正的君子。

檢驗一個社會是否文明，首先就看這個社會有無文化氣質，以及有無合乎正義公道的價值標準？如有，這個社會中的成員，行事必能堅持原則，交往必能嚴守誠信。否則，即使繁榮富裕，也與文明相去甚遠。背離原則沒有誠信，一切美善都是謊言，衣冠楚楚只是野獸披著人皮。

中國知識份子向以「行有不得，反求諸己」懸爲做人的準則，因而嚴以律己，寬以待人。所堅持者就是待人的誠信友善和行事的原則分明。律己就是持戒，寬厚就是仁慈。誠就是眞，信就是義。堅持誠信就是高尙。

四、實踐善慈

在倫理道德的範疇中，善是人生最高的價值，愛是生命最燦爛的光輝。至眞的善就是最廣博的愛，博愛就是最聖潔最崇高的善。善是人類的燈塔，愛是永恆的炬光，它們指引人類永不迷失航向。

善者居心正直和藹待人，絕無害人之心傷人之念。慈者以同情之心關懷他人，以仁愛之心照顧他人。善者心中沒有敵意，所以沒有敵人，無需長矛甲冑。慈者燃燒自己溫暖人群，也照亮了世界。

堅持正直，實踐善慈，居仁行義，有所爲有所不爲。個人才有可能超拔得救，社會才能充滿光明希望。誠信善慈，在人是修養德行，在理是眞理智慧。沒有這些，社會必然陷入悲慘與黑暗之中。

古人說：「勿以善小而不爲，勿以惡小而爲之。」佛教更說：「諸惡莫作，眾善奉行。」任何宗教信仰，總是勸人爲善，並以慈悲愛心對待別人。正直是最高的善，愛心是最大的慈。何謂先知？理性加智慧就是先知。誰是上帝？良知加公義就是上帝。篤行誠信善慈，才能立己立人救人救世，與宗教信仰的崇高鵠的也就並無二致。

佛教主張依法不依人。善慈距離天堂最近，乃直接邁向天堂之路。心中有愛，立足之地就是淨土，人間就是天堂。

砥柱中流

信仰爲個人帶來心靈的支撐，生命的定力，人生的方向。爲社會帶來溫馨祥和，正義公平。繁華富裕的社會沒有信仰，也只是現代化的叢林。個人沒有信仰，就算功成名就，也只是歷史長河生命大流中一片飄泊的浮萍。

有了信仰，黑暗中可以見到光明，苦難中依然充滿希望，面對波濤洶湧濁浪滔滔，也能力挽狂瀾砥柱中流。人生，怎能沒有信仰！

談建立第六倫

談建立第六倫

《兼論 六倫 六德 六戒》

己所不欲 勿施於人

這一二十年，刑事犯罪案件不斷增加，生態的破壞與環境的污染日益嚴重，前者侵犯他人的生命財產和名譽，後者則是對生命的間接謀殺慢性謀殺集體謀殺。犯者固然缺乏是非、羞恥、公德之心，對他人更是毫無尊敬同情之念。如果有，他們就絕對不會濫墾濫伐破壞生態，任意傾倒廢棄有毒物質污染環境；不會飆車搶劫、殺人放火；不會貪瀆、詐欺、淘空。他們違法犯紀，固然是文化道德素養不足；更基本的原因，則是他們根本不尊重與他們素不相識的第三者，恣意損人利己因私害公。

民國七十年三月，李國鼎先生以「當代社會學者面臨的挑戰」爲題發表演講，呼籲國人在傳統的五倫之外建立一個新的第六倫，藉以增進社會大眾的公共道德，進而用以維繫個人與群體的和諧關係。

李先生認爲：「文化是一個整體的結合，一個國家不可能長期保有進步的經濟和落後的國民。」事實上，一個社會的眞正進步，除了經濟成長以外，還必須包括政治的清明，國民文化素質的充實和道德精神的提升。如果多數國民見利忘義唯利是圖，即使繁榮富裕，也是暴發戶式的低劣腐敗骯髒。這樣粗糙的物質文明，距離精緻文化的理想就實在太遠了。

二零零零年夏秋之間，政治信心動搖，金融經濟失序，股市一路直線下跌，天天都有搶劫縱火殺人。先有軍購弊案駭人聽聞，繼有情治人員捲款潛逃，國家的體制綱紀顯得軟弱無力，個人沒有道德情懷，社會當然沒有道德規範。官箴不修民風澆薄，亂象叢生在所不免。

這種只圖私利罔顧公益的亂象如不及時遏止，部分品格低劣不守法紀的落後國民，終將拖垮全民辛勤努力所創造的經濟成就。可以肯定推斷，一個只有物質富裕經濟繁榮的社會，如果沒有道德精神和文化素養作爲深厚的立國基礎，絕對難以維持長治久安的國富民豐。

第六倫，可以提振群體的道德精神，充實國民文化素質的內涵，正是我們這個轉型社會健康永續發展的一個普遍而根本的基礎。

所謂第六倫，就是我國傳統五倫的延伸，在父子、君臣、夫婦、長幼、朋友之外，增加一個「群己」的第六倫，以規範我們對非特定對象多數陌生人的行爲，抑制自私自利的心理，發揮「推己及人」的美德，以同理同情的仁愛之心，弘揚「己所不欲，勿施於人」的忠恕之道，培養尊重別人維護群益的公德心，以保障大眾的權利和社會的集體安全。

四海之內　皆兄弟也

中國人的倫理觀念可說根深柢固。非常重視倫理親情，父子、君臣、夫婦、兄弟、朋友的五倫關係，人人耳熟能詳可以朗朗上口。對於沒有血緣利害關係不認識的第三者，既不存在心中更不放在眼裡，甚至根本不把他們當人，毫不關心他們的權利乃至生死禍福。

但在現代化的工商業城市社會中，人口集中摩肩接踵，人際關係錯綜複雜，彼此間既有競爭又有合作。水電、交通、民生物資供應、公共安全衛生，以及防盜、防火、防災，彼此息息相關，利害一致安危一體。把五倫以外沒有直接關係互不相識的人不當人，早已不合時宜。

第六倫的觀念在我國是早已有之，而且十分懇切而踏實。例如己所勿欲，勿施於人。又如人飢己飢，人溺己溺。仁義之心，溢於言表。臨行時陶淵明要求他的兒子要關懷隨行之書僮，他說：「彼亦人子也，善待之。」江湖上更流行一句話：「四海之內，皆兄弟也。」天下人都是你的兄弟，這不能不說是第六倫的濫觴。

可惜的是，現代人趨炎附勢，見利忘義，把這些忘得一乾二淨。

建立新觀念　樹立新楷模

傳統五倫：父子有親，君臣有義，夫婦有別，長幼有序，朋友有信。「倫者道也，理也；五者人之常道常理，固曰人倫。」有五倫乃有五常與五常之道。五常是父義、母慈、兄友、弟恭、子孝；五者人之常行。五常之道：仁、義、禮、智、信。這種農村社會以特定對象所訂的行爲準則，由於時代進步，已經無法規範現代社會彼此互不相識卻又相互依賴的群己關係。

在過去傳統的社會中，理想的人際關係和行爲規範，是德法兼治和法理情並重，而且天理大於人情道德優於法律。儒家就主張「導之以法，齊之以刑；」不如「導之以德，齊之以禮。」在我們傳統的文化意識和道德觀念中，大多數人都是儒佛道三教合一。及至宋明理學大興以後，儒佛之間相互交融，更形成儒佛一家的思想潮流。

太虛大師說：「儒佛兩家，合則雙美，分則兩傷。」有人演繹說明：仁者的慈悲即戒，勇者的願行即定，智者的智慧即慧；戒定慧三學等同於智仁勇三達德。不殺生爲仁，不偷盜爲義，不邪淫爲禮，不酗酒爲智，不妄語爲信。五戒與五常之道，彼此相應互爲表裡。儒佛兩家的基本精神，一直深入人心，成爲穩固社會秩序維護道德規範的重要力量。

已往的五倫重情尙義，其影響僅及於一定的範圍與一定的人際之間。在新的時代新的社會結構之中，新的倫理觀念必須注入更多理性大公的法治精神，在尊重法制勵行法治的基礎上，養成正確的權利義務觀念和尊重他人（無論認識與否）嚴守公德的優良風尙，消除自私自利損人利己的惡劣習慣，以建立大社會的正義公道和集體安全。

此時此地倡導第六倫的觀念，非但十分必要，而且刻不容緩。

推己及人　維護公益

五倫改爲六倫，於父子有親，君臣（國家人民、團體個人）有義，夫婦有愛，長幼有序，朋友有信以外，增加一個群己有分。群己有分就是心存公德公益，各守本分嚴守法紀，盡應盡之義務，負應負之責任。五常之道改爲六常之道，就是仁義禮智信法；守法，乃是做爲一個現代化國民的基本條件。不守法紀，必然成爲文明進步社會的害群之馬。

佛教信徒也可以相應的把五戒改爲六戒，在不殺生、不偷盜、不邪淫、不妄語、不酗酒之下增加一個不損人。眞正能夠嚴守五戒的人，絕對不會輕易損害他人，這個第六戒象徵教化的意義大於實質的意義。而這個不被損害的人，應包括自然的個人和法人的團體，乃至道路橋樑等公共設施，以及山川水土、花草樹木、自然生態。

審察當前社會上的若干現象，想想過去社會中的敦厚淳樸之風，不禁凜然而驚！如果科技進步經濟繁榮的後果，只是在華美服飾和妝扮的掩飾之下，人類的思想觀念行爲模式竟然日趨邪惡下流，運用現代化的工具技巧倒行逆施，向遠古的原始叢林倒退而去，居然自以爲是一種進步。眞是顚倒之極，可笑之至。

國人處理垃圾廢物的隨便、自私，以及開車行路之橫行、霸道，必然造成他人的厭惡、憎恨。社會的和諧團結因此而被蠶食瓦解，人與人之間逐漸形成疏離、對立。一種「你可以，我也可以」的社會心理不斷蔓延，終至形成大家一起受害沈淪的惡性循環。偷偷摸摸傾倒廢物，橫衝直撞車禍之後逃之夭夭，受害人因此產生補償性的報復行爲，最後由整個社會負擔成本，後代子孫承受後果。

國人對於一些富於機心巧技、觀念污濁、行爲不檢之徒，常常稱之爲缺德鬼，或則直截了當，文一點稱之爲衣冠禽獸，白一點乾脆說這傢伙不是人，可見道德乃是做人之根本。一個人的一切言行作爲，必須本乎良知，據於法理，順乎人情，禮以行之，義以成之，才能維護歷經數千年文化熏陶而得的高貴人性，成爲一個眞正的文明人。

社會變了，這是無可奈何的事。我們只有以變制變，改變我們的思想觀念、道德內涵和行爲準則，調整我們的教育方針和法治手段，激發人類的良知良能，強化大眾的理性判斷，誘導人心向上，端正行爲入軌，在道德、宗教、法律、教育齊頭並進之下，引導社會大眾養成奉公守法、恭謹有禮的修養；和推己及人、維護公益的精神，使大家都能在一個安全、安寧的社會中，享受和平、和諧的美好生活。

旋乾轉坤　重責大任

「天下興亡，匹夫有責。」群居社會，尤其是現代化的工商業社會，人際關係錯綜複雜，彼此利害相連，大家安危一體。一個人酒醉駕車可能造成許多家庭破碎，一個人隨地吐痰可能造成整個社區流行結核病。一個工廠任意排放或棄置有毒廢棄物質，可能造成很多農民無地可耕上百萬人無水可飲。在今天這樣的大社會中，禍福榮辱與共，人人必須自重自愛，誰也不能自外於國家強弱社會興衰的歷史運動之外。

面對當前的社會現狀，雖然對人性不必完全絕望，但把希望寄託於個人良知的自覺，似乎也有點不切實際。建立父子、君臣、夫婦、長幼、朋友、群己六倫；嚴守殺、盜、淫、妄、酒、損六戒；力行仁、義、禮、智、信、法六德。除了勉勵要求個人理智的清明良知的覺悟以外，如果法律又能防其越軌，教育又能導其向上，宗教又能助其淨化，加上父母的呼喚，良師益友的勸勉，以及社會輿論的警惕，文學、藝術、音樂等等的陶冶，鞏固社會道德秩序的希望，依然還是不絕如縷。

繼承傳統，開創新猷，第六倫將肩負旋乾轉坤的重責大任。

充實人生　美化生活

充實人生　美化生活

耕耘播種

人爲血肉之軀，四肢五官與禽獸並無太大不同，其所異於禽獸而又高於禽獸者，因爲人有豐富而又深刻的心靈活動。訴之於理性者爲知識，訴之於感情者爲藝術，訴之於意志者爲道德，訴之於性靈者爲宗教。知識求眞，藝術求美，道德求善，宗教求聖。具有如此的精神與情操，號稱萬物之靈，自可當之無愧。

然而人也是由猿猴演變而來的，時至今日，人類依然潛藏著原始的獸性，多數人也都是平凡而又普通。人生哲學幫助我們理解到，只要有所信仰，有所堅持，有所揚棄，人人可以擁有充實而有意義的人生，享受優美而有意境的生活。擴大人與禽獸之間的差異，減少衣冠楚楚的人面怪獸，人的生命才能不與豬狗同卑草木同朽。

每個人都希望擁有美好的生活和充實的人生，但是這些不會憑空從天而降，它需要我們有心的栽培，流著汗和淚辛勤耕耘，最後才能歡笑的豐收。最重要的，對自己的能力要有正確評估，對週遭環境要有客觀的認知。既不妄自菲薄，亦不自我膨脹，確立目標，把握方向，努力奮鬥，追求幸福形同探囊取物而已。

人生的耕耘播種，始於科學化的工作，終於哲學化的人生。我們不是科學家，不是藝術家，也不是哲學家；但是我們可以運用科學家的成果，仿效藝術家的精神，接受哲學家的啓示。科學使你的工作方法更好；藝術使你的生活更美；哲學使你的生命更有意義。

科學化的工作，藝術化的生活，哲學化的人生，鼎足而立，支撐著一座人生的殿堂。「欲窮千里目，更上一層樓。」那裡視野遼闊，你將看到一個風光綺麗異於平常的新世界。

科學化的工作

科學知識之昌明以及科學方法之廣泛應用，改變了人類的生產方式和生活方式，也加速了歷史向前推進的速度。尤其最近的幾十年，科學研究的新思潮新發明，科技生產的新創造新產品，日新月異。身爲一個現代人，如果排斥科學方法或科技產品，就顯得不合時宜愚不可及。

科學，簡單的說就是有組織有系統的知識，以及有系統有組織的探求知識運用知識。科學化的工作，就是以科學精神和科學方法，運用科學工具，處理工作管理事業。如此，才能耗費最小的人力物力，而在工作上獲致最高的功效，在事業上獲致最大的報酬。

科學的目的，在求創新，求進步。科學精神就是求眞、求精、求新的精神。也就是我國固有格物致知，即物窮理，實事求是，精益求精的精神。科學的原則要求：一是合理；合乎邏輯，合乎理性，合乎物理事理道理。二是精確；一切要求層次分明，井然有序，絲毫不差，絕對精準。三是經濟；人力求精簡，物力求節約，速度求快，效率求高。四是實用；科學雖可用於遊戲，但仍以研究和管理爲主。

科學化的工作並非科學工作者的專利。只要遵循科學的原則，以科學的精神，用科學的方法，有系統有組織，有計劃有進度，精準而有條不紊的處理工作管理事業，就是科學化的工作。

儒家「物有本末，事有終始，知所先後，則近道矣」的道理，和「博學、審問、愼思、明辨、篤行」的要求，已經十分重視上下層次和先後程序，並且具備組織與系統的概念，其實就是科學精神。

二十一世紀，知識經濟掛帥，科學仍然是學術思想的主流，科技也依然是企業界最強最高的生產力。以科學精神，用科學方法，處理我們的公私事務，是最好的選擇，也是唯一的選擇。

藝術化的生活

生活首求平實安穩，次求合理舒適，最高層次則是具有藝術意境的美的生活。

生活應該爲了工作，使工作能爲創造公眾福祉和推動歷史進步做出貢獻。但生活本身也是水晶酒杯盛著的葡萄美酒，既可舉杯品嚐得到滿足，亦可賞心悅目引起美感。「采菊東籬下，悠然見南山。」詩中有畫畫中有詩，恬淡寧靜、優雅從容，這就是藝術化的生活。

藝術以創造美爲唯一目的，但藝術之美並非自然之美的複寫，創作者必須以全新的深度和力量，在作品中表現他獨特的思想和澄澈的情感。易言之，藝術化的生活不僅是美的生活，還要能夠我行我素獨來獨往，多多少少表現出與眾不同的生活風貌。

藝術之美第一個條件是形象。沒有形象就沒有節奏旋律和線條色彩，當然也就沒有美。即使是抽象畫，依然必須透過抽象造型表達形象美的概念。藝術化的生活之美，不是華廈麗服美食名酒，可能只是粗茶淡飯竹籬茅舍。「室雅何須大，花香不在多。」

藝術之美第二個條件是和諧。不論運用的符號是文字、音符、色彩還是造型，儘管情節有起承轉合，節奏有千變萬化，色調有冷暖濃淡，造型有繁有簡。這些相對甚至彼此抗衡的素材，經過創作者的匠心獨運，必須表現出高度的和諧統一，否則就不能引起美感。

不論你擁有怎樣的房屋家具，不管你穿戴怎樣的服裝首飾，必須表現高雅和諧，才能流露你的高貴氣質、風度和品味。

藝術之美第三個條件是意境，也就是深度。一個人也好，藝術品也好，即使外表華麗精緻，如果沒有意境，就是庸俗膚淺，一眼到底一目了然，很難令人賞心悅目，更談不到韻味無窮。藝術作品能夠「詩中有畫，畫中有詩」，就是意境高遠具深度之美。

藝術之美第四個條件是風格。藝術不僅求美，而且要求風格獨特與眾不同。模仿抄襲不是藝術，追潮流趕時髦也不是藝術。眞正的藝術創作，既要「外師造化」，又要「內得心源」。於是文如其人人如其文，作者的獨特個性自然形成作品的獨特風格

以藝術精神美化生活，必須具備意境悠遠的深度之美，也要具備不同流俗的個人風格。雖然不必過分特立獨行，卻也不可隨波逐流。古代文人崇尚獨與天地精神相往來，境界或許太高。倘使一味追逐時尚與流行，也就毫無個人特色與自尊可言了。

藝術化生活第五個條件是適度的空白，就是悠閑。在藝術創作上中國人特別重視空白，在生活上自然特別重視悠閑。中國的繪畫常有大片空白，那是保留給讀者馳騁想像的廣闊空間。音樂更妙，有時竟然微弱到聽也聽不清楚，原來「此時無聲勝有聲」。

中國人最懂得享受悠閑。「茅簷相對坐終日，一鳥不鳴山更幽。」我們

不能成爲名利場上的脫韁野馬，整天奔馳不停，如此人生有何樂趣？生活應該像一幅寫意山水，有濃有淡也有空白，人在雲天蒼茫間，曠達自在，在這樣的情境中，工作才是享受，生活才是藝術。

哲學化的人生

儘管每個人不可能都是哲學家，但每個人都應該有自己的哲學，以免醉生夢死，成爲盲人瞎馬。有了自己的人生哲學，在正確的哲學理念指導之下，勇往直前追求自己的理想，工作必然更有意義，生活必然更有內涵。也就不致辜負了人之所以爲人的靈長尊稱。

哲學的目的，在探究宇宙根本原理，解決人生根本問題。哲學的認知與實踐，包涵了人類知情意的全部活動，統攝著科學之眞、道德之善與藝術之美。究極而論，科學的巔峰固然顯現至善至美，崇高的道德情懷更是性靈之眞與精神之美的自然流露。而藝術之極致，表現的是天道自然之眞與人性至善之美。在更高的尖端層次，眞善美三者根本合而爲一。

天人合一的宇宙觀

人是甚麼？生從何處來？死往何處去？哲學似乎還沒有一個明確的結論。可以肯定的是，每個人都生存在一個時空交會點上：橫向空間是廣大無垠的宇宙，縱向時間是源遠流長的歷史。人在這樣的時空交叉的環境中，生命不僅非常渺小，而且極其短暫。

人最了不起的地方，既在上下四方古往今來的宇宙中找到了自己的定位，又能「計利當計天下利，求名應求萬世名。」以奮鬥創造突破時空對生命的侷限，又以奉獻犧牲提升了生命的境界。把小我融入大我，將瞬間的電光石火凝結爲永恆的光輝燦爛，以精神的不朽締造了生命的不朽。

生生不息的生命之外，天地間更有永恆不朽之物，就是道家所追求的「道」和儒家所崇尚的「理」。道與理，無所不在，無微不至；至大至剛，至精至微。科學得之爲眞，藝術得之爲美，道德得之爲善。老子說：「人法地，地法天，天法道，道法自然。」以高瞻遠矚的視野宏觀之，天地人本來就是自然的一體。

有人不知天高地厚，妄想征服自然。有人不知節制，濫墾濫伐破壞自然。前者是狂妄無知，後者是自私貪婪。一場賀伯颱風，連年聖嬰現象，加上不時的地震洪水，不斷警告人類：自然是不能征服的，更不可以任意戕害；否則它會大力反撲。最後被征服被損害的不只是自然，更是人類自己及其後代的子孫。

在浩瀚無垠的太空中，地球可能是唯一擁有充足陽光、空氣、水的一個星球，人類也可能是銀河系唯一的高等動物。自然是孕育生命的搖籃，是生命綿延發展的樂園。在大自然的懷抱中，萬物各安其位，欣欣向榮。當落葉飄落大地，當軀體化爲塵土，生從自然而來，死又回歸自然。

自然是我們的母親，也是我們的良師益友。「天地與我並生，萬物與我爲一。」彼此生息相通，痛癢相關，愛之護之惟恐不及，那裡還有甚麼征服甚麼抗爭。人對自然，應該懷著感恩回饋的心情，與自然和睦相處，愛之護之，共存共榮。

日常行事，不貪婪，不強求，一切順乎自然之理，合乎自然之道，遇事自然心安理得。自然之極致就是自由之極致，亦即幸福之極致。自然看我，我即自然；我看自然，自然即我。這就是天人合一的宇宙觀。

互助合作的社會觀

人，生存在宇宙之中地球之上，也生活在社會之內群體之中。現代人具有獨立自主的意志和精神，但在生活上卻絕對無法離群索居獨立生存。群居分工，是文明社會無可改變的生活特徵。不論你多麼傑出多麼孤僻，大家都得彼此合作相互依存。各人奉獻自己的專長，同時享受他人的專長所提供的服務。

談到社會觀，使我想到內蒙古大草原上的敖包。敖包是莽莽大草原上由人工以石頭堆成的小丘，具有地理上的座標功能和文化上的教育意義。佇足草原極目四望，綠草如浪，煙波浩渺，蒼茫遼闊，一望無垠。在這浩瀚無邊的綠色大海中，敖包爲放牧者標誌著方位里程，也爲通過草原的旅人指示正確的方向。

草原牧民有一個代代相傳的習俗，那就是經過敖包的人都要在附近檢幾塊石頭爲它加多墊高，使得每一個敖包都不致在時光流轉與風雨侵蝕中沒落流失。他們以嚴肅虔敬的心情對待這小小的石堆，因此每一個敖包都是永久的敖包，而每一個牧民的後代子孫也永遠不會在他們生長的草原上迷失方向。這樣的傳統習俗，正是一種正確而又淳厚的社會觀。

大至廣漠無邊的草原，小至鄉鎮鄰里社區，生存安全發展，禍福苦樂榮枯，都是不可分割的整體。至於國家的生死存亡，社會的興衰隆污，更與每個人的命運緊密相聯。敖包的故事告訴我們，虔誠的檢一塊石頭只是舉手之勞，任意取走一塊石頭也是舉手之勞，兩者的動機固然大不相同，其結果與意義更有天壤之別。

社會是一個龐大而複雜的組織，人性尤其複雜而又品類不齊，要維持人際之間的和睦共處，增進社會整體的公共福祉，一般只有仰賴法律的制裁與道德的規範。更重要的則是教育社會大眾，自動自覺地建立正確的社會觀。如果大多數人都能具備正確的社會價值觀，建立一個和諧幸福安全康樂的社會也就易如反掌。

正確的社會觀應該具有：整體大公的觀念，互助合作的精神，和克己復禮的修養。

整體大公的觀念，就是社會爲社會成員全體所共有，它不屬於少數特定階層和特定人士。社會是大家的，有益的事情大家有益，有害的事情大家有害。關心社會愛護社會，是全體成員的責任，也是全體成員的權利。任何人如對行政當局、其他團體、乃至特定階層有所不滿，在一個民主法治的社會裡，你有權利可以質詢要求，可以遊行示威，甚至可以提起訴願，但是不能放棄你對社會的義務和責任。這就是整體大公的觀念。

在一個錯綜複雜的群體社會裡，要求人際之間沒有矛盾衝突，絕無可能。夫婦之間也會吵架，家庭之中也有糾紛，連牙齒有時也會咬到自己的舌頭。矛盾要調和，衝突要預防。調和預防的根本之道，就是互相諒解彼此包容，也就是克己復禮的修養功夫。

社會的建設改造，工程浩大艱鉅，群策群力未必就能實現既定的目標。如果不能互助合作，則一切美麗藍圖都將成爲夢幻泡影。

積極進取的人生觀

人生哲學的目的，就是幫助人做一個眞正的人，一個正直有用而又坦蕩快樂的人。人生哲學實際要你做並且指導你去做的，就是自我的認知和肯定，自我的實現和完成。能夠自我認知自我肯定的人，絕對會愛惜自己的生命，也會尊重別人的生命。能夠自我實現自我完成的人，自然會追求人生的意義和生命的價值，結果也必然擁有一個積極有爲的人生觀。

有人說：「一個人有怎樣的思想就有怎樣的行爲，有怎樣的行爲就會養成怎樣的習慣，有怎樣的習慣就會造成怎樣的性格，怎樣的性格必然產生怎樣的命運。」人生悲劇發生的因素或許不止一端，主要原因往往就是主人翁自己的性格。莎士比亞的八大悲劇，以及現實社會許多人間悲劇，對此都做了具體的詮釋說明。

正確的人生觀，就是從心靈源頭建立正確的思想觀念，養成良好的行爲習慣，培養正直堅忍的性格，爲開創人生實現理想，與命運作不屈不撓的戰鬥。這樣的人生戰鬥，有智慧，有勇氣，有原則，有目標，最後的勝利成功，猶如順水推舟探囊取物。

人生向前向上的奮鬥歷程，是一個自我浪漫追求的過程，也是一個自我不斷探索超越的過程。有時「山窮水盡疑無路」；有時「柳暗花明又一村」。

每個人的人生觀都有可能與人類似，必然也會與眾不同。只要於法無違於德無虧，儘可各行其是。但是人生觀的正確與否，有益與否，應該具有若干的特質。例如：

昨夜西風凋碧樹，獨上西樓，望盡天涯路。

悲觀、消極、頹廢，是人生的麻醉劑，它使人喪失鬥志毫無信心。正確人生觀的第一種境界，就是對人生的嚮往與憧憬，而且一往情深。換一種說法，就是胸懷大志。英雄豪傑未必眞的個個少懷大志，但立志確是人生第一大事。立志，就是勾畫未來人生的理想，爲自己的生命畫一張藍圖，豎立一生追求的目標。然後懷著信心，無畏無懼，奮勇前進。以樂觀積極的態度，堅忍不拔的毅力，堅定不移百折不回，不達目的誓不罷休。

世路崎嶇，人生不免困頓悲苦，身影孤寂心境蒼涼。儘管「昨夜西風凋碧樹，」依然「獨上西樓，望盡天涯路。」就是不爲環境所限，不向現實低頭。登高望遠，放眼未來。雖在蒼涼孤獨之中，照樣意氣風發振袂奮起，爲人生創造意義，爲生命增添色彩。

為伊消得人憔悴，衣帶漸寬終不悔。

正確人生觀的第二種境界，就是無怨無悔，一往直前，奮鬥不懈的精神。一天二十四小時，一半是黑夜，一半是白天。白天，有時風和日麗陽光普照，有時可能陰霾密佈雷雨交加。人生之路，有康莊大道，也有崎嶇坎坷。學業事業，有時一帆風順，有時挫折連連。不要相信：謀事在人，成事在天。要相信：命運掌握在自己的手中。

人生美麗的憧憬，你能堅持就是你的理想，你肯追求就是你的情人，你一心不二就是你生命的信仰和方向。爲了它，你必須魂牽夢縈念茲在茲，甚至廢寢忘食生死以之。即使「爲伊消得人憔悴，」也是「衣帶漸寬終不悔。」不論處境順逆，人情冷暖，要堅持理想，決不輕言放棄，要堅忍不拔，決不舉手屈服。能夠流淚播種，才能含笑豐收。戰爭越是激烈艱苦危險，勝利凱旋的滋味就越是甜美光榮。所以說：「不經一番寒徹骨，怎得梅花撲鼻香。」

安得廣廈千萬間，大庇天下寒士俱歡顏。

無畏無懼樂觀積極是好的，無怨無悔奮鬥不懈是好的，假若目的只是為了一己之私，格局未免太小，層次也嫌太低。就算也是一種人生觀，虛榮自私貪婪享樂，絕對不是正確高尚的人生觀。正確人生觀的第三種境界，就是懷抱造福人群的偉大理想。

生命的價值何在？人生的意義何在？這個問題不能一概而論。對處身貧窮痛苦的人說，生存就是意義。對身陷艱難險阻的人說，安全就是意義。如果沒有生存和安全的威脅，生命的價值在於能為天下蒼生創造福祉，人生的意義在於能為建設社會奉獻一份心力。如果不斤斤計較利害得失，一心以社會關懷與人群福祉為念，那就是聖賢胸懷菩薩心腸。

唐代大詩人杜甫作客異鄉，顛沛流離之中，他以擲地有聲的詩句「朱門酒肉臭，路有凍死骨。」譴責社會的不公。當秋風吹破了他棲身的茅屋，秋雨淋濕了他的床舖，長夜難以成眠，他內心的宏願竟是：「安得廣廈千萬間，大庇天下寒士俱歡顏，風雨不動安如山。」他以仁愛之心，想到的關懷的是別人而非自己，因此史家讚譽他是「詩聖佛心」。

遠古時代，人類的敵人是洪水猛獸。現代文明社會中，環境與外力常常帶來壓力與誘惑；有的飛蛾撲火，有的作繭自縛；不能把持自己的人，往往成爲自己最大的敵人。建立正確的人生觀，正可以幫助你肯定自我征服自己。能夠征服自己的人，面對任何挑戰，都可以迎刃而解。

正確的宇宙觀，使人與自然和諧共處共存共榮。正確的社會觀，使人與人互助合作禮尚往來。正確的人生觀，使人的思想、情感、理想、意志，均能保持健康均衡的發展，樹立人生遠大的抱負，開創美好幸福的人生。

笑談生死話人生

笑談生死話人生

小序

浮生若夢，人生如戲。一說生是始，死是終。或說生是旅，死是歸。總之，生死相輔相成，彼此相互消長，構成有機的完整人生。生與死乃一體之兩面，既爲萬物一體之生命原理，也是天地自然共有之現象，無有例外。

有人想了脫生死，有人要超越生死。事實上，唯有能夠面對現實，以理性、客觀、自然而又泰然的態度，懷抱豁達、瀟灑的超然心境，於談笑風生間閒話人生，如此才有可能眞正置身於生死之外，超越於生死之上。

死亡之所以令人恐怖，因爲「死亡等於毀滅」這一觀念深入人心，而且根深柢固代代相傳。於是大多數人終其一生，都在死亡的陰影下掙扎著活下去，直到大限來臨撒手而去。人生，成為一個愁眉苦臉的悲劇。

我們如果學學莊子的豁達瀟灑，死亡也就不再那麼令人悲傷。莊子所以能夠坦然面對死亡，因為他把自己置身於生死之外，一切順其自然處之泰然，死亡的恐懼也就與他無涉，至少不再那麼嚴重。

有人感嘆人生的煩惱太多，卻又戀戀不捨貪生怕死。其實，苦樂參半乃是人生的本質；如此，生命乃能顯現堅忍、樂觀、豁達的積極意義。死亡是生命的終站，也是煩惱的了結。妻子去世莊子擊盆而歌，惠子批評他不盡人情。其實莊子是為妻子高興，她終於自然地擺脫了人生的勞苦。

壹、一片樹葉的啓示

有一天，我坐在公園裡的椅子上沈思，一片樹葉突然飄落在我的掌中。那是一片枯黃的葉子。但它曾經蒼翠欲滴，以綠蔭蔽天展現大樹的生命之美。然後慢慢枯黃凋零，最終功成身退，飄落大地回歸泥土，完成它美好的一生。「莫道落紅無情物，化作春泥又護花。」老的生命從此終結，新的生命又由此揭開序幕。

俗話說：「好死不如賴活」。這句話爲生命和死亡提供了反面教材。問題是竟然有人奉行不渝，即使出賣靈魂典當人格，只要能活也就心滿意足。生命誠然可貴，必須珍惜；對他人對自己，都不應侵犯戕害。但人格尊嚴更要維護，貪生怕死賣身求榮，就是卑鄙懦弱，有損人品。

貳、一則狗的寓言

回教世界有一則寓言，一條渴極思飲的狗走到河邊去飲水，但牠嚇了一跳向後倒退，因爲牠在水底看到一隻狗。但牠十分口渴，再度走到水邊又被嚇了回來。如此往復多次，最後奮不顧身一躍入水，喝了一個痛快。故事告訴我們：妨礙我們獲得自在解脫的，不是外物外力，通常就是我們自己。就是我的執著。

貪生怕死，因人而異原因很多。有的眷戀親情不忍分離，有的心願未了放心不下，有的貪戀人世繁華心不甘情不願。還有就是回顧一生往事，勞勞碌碌一輩子，對人對己竟然乏善可陳，等於未曾好好活過。大多數人恐懼死亡，臨終時總是唉聲嘆氣淚眼汪汪，不願遽爾與世長辭。

一個最根本的原因，與那喝水的狗十分類似，就是心中總有一個我在。這種我的執著，既使人不能好好地生，也使人難以安詳地死。所以老子說：「吾之大患，爲吾有身；若無吾身，吾何患焉。」只是大部分人看不透放不下，誠屬不幸。

叁、生死是自然現象

生命的生與死，是天地間永恆的自然法則。人是靈長動物，當然勝過一片樹葉；但生死之歷程，與樹葉並無不同。萌芽誕生是起點，凋零死亡是終站。生命的開始也是死亡的開始；生命的終結也是生命的完成。宇宙萬物，最終都要隨風飄逝回歸大地。

生與死是生命的始和終，沒有生死即無人生。佛家鑒於無常迅速生死事大，學佛修道在求了脫生死證入涅槃。道家主張順其自然，人由無變有，又由有復歸於無，都是自然現象必然規律。人生在世，儒家主張應該重視生，不必過分關心死。反過來說，生命能有意義，死亡才有尊嚴。雖然出生身不由己，但是人生何去何從，人有著選擇人生方向的自由。文化教育的意義和價值，就是使人在自然法則之中，依然有著可以開拓生命意義創造人生價值的廣闊空間。

因爲沒有洞察宇宙眞理的智慧，有人貪生怕死諱言死亡，覺得死亡與他距離還很遙遠。其實生死交替是歲月漫長的連續質變，彷彿頭髮之脫落，等到發覺不妙禿頭形成，此時注意已經太遲。大多數人都是面對死亡才知道「生死事大，無常迅速。」十之八九措手不及，難以從容以對欣然接受，眷戀悔恨自然在所難免。

死亡是無可迴避的自然現象，欣然以對就勝過徒勞無功的恐懼逃避。生命的持續成長就是死亡的逐步降臨，分分秒秒的進行著。哲學就是讓人了解生命的本質，探討生命的意義，進而發揮生命的最大功能，最終了無遺憾地面對死亡，從容不迫地含笑而去。這就叫做哲人其萎。

肆、生命可以不朽

生命可以不與草木同朽嗎？當然可以。但其影響有大小久暫之分，所以不朽有著不同的性質和不同的層次。並非人人皆可不朽。

之一、宗教信仰的不朽

追求生命的不朽，有些人是從宗教信仰出發。基督教徒寄望於靈魂升天以與上帝同在。佛教則有三世輪迴之說，生命有過去、現在、未來三世，以因果業報而往復輪迴，終極則是超越輪迴證入涅槃。宗教信仰求的是心靈的寄託和性靈的淨化，不是爲了求福求財求壽，而是對社會的無私關懷和對眾生的仁慈博愛。祈望永生不朽，並非正確信仰的主要宗旨。

天國是否眞正存在？來生究竟是有是無？屬於哲學信仰範疇，很難以科學論證其有或予以否定。只要設想合理解釋合情，信者又深信不疑，死亡就成爲一種嚮往，一種超升。在這樣的形而上世界中，生命的不朽就是一種眞實。對人心有鼓舞和慰藉的作用，對社會有安定與教化的功能。

相信有天國必然有信、有望、有愛，必然存心眞誠和善待人，最後才能獲得上帝的恩寵榮召。相信有來生必然相信因果，自然不敢傷天害理胡作非爲。宗教信仰使人起心動念都會保持眞善誠正，以實現信仰的價值追求未來的希望。對個人提升了生命的境界，對社會增進了祥和溫馨。具備了這樣聖潔的宗教情懷，現世的生命固然有了寄託，而未來又充滿無限希望。對個人精神修養和社會心理建設，都有良好的影響。

之二、承先啓後的不朽

以前一個學生問我：「人爲甚麼會死？」我說：「你會死，我會死，但是人不會死。」這個學生似乎不解：「明明每個人都會死啊！」我說：「對，每個人都會死，但是人不會死。」那孩子點點頭，似乎是懂了。

我繼續對她們說：千萬年來，天天有人死亡，但是人類依然存在以迄於今，乃至遙遠的未來。只要大家尊重生命並愛護我們所居住的自然環境，人類的生命就會綿綿不斷源遠流長。從整體宏觀的廣角看，只要能提升你的人生境界，擴大你的生命視野，把個體生命融入群體生命的大流之中，生命就能永恆不朽。時時刻刻，有人死亡，有人出生。正如古詩所說：

「離離原上草，一歲一枯榮；野火燒不盡，春風吹又生。」

生命最基本最普遍的不朽，就是承先啓後，盡人倫之道，結婚生子成家立業。古人說：「不孝有三，無後爲大。」道理在此。自己出生是生命的繼承，再生兒女是生命的延續，教養培育兒女望子成龍望女成鳳，是生命的發揚。薪盡火傳一脈相承，人在歷史的長河中接力游泳，棒棒相接永續不斷，承先啓後綿延萬世。你的子孫不是你，但是他們燃燒的生命中有你的火種，他們的思想性格中有你的影響，這當然也是一種生命的不朽。

之三、立功　立德　立言

人的生命有形而下的肉體，還有形而上的精神靈魂。中國人講生命的不朽，重視的是超越血肉之軀的精神智慧，強調的是歷史文化中的人文精神。故左傳云：「太上有立德，其次有立功，其次有立言；雖久不廢，此之謂不朽。」人類最偉大的成就是文明的開啓，文化的累積和歷史的傳承。立德是高貴人格的不朽，立功是偉大精神的不朽，立言是智慧才華的不朽。這三不朽，乃是人類文明進步、歷史傳承、文化弘揚的中流砥柱。

在天地之間，人類獨創了一個文明世界，復以多采多姿的文化構築了展現生命智能的歷史舞台。在此舞台之上，藉由立功、立德、立言的創造奉獻，人的道德精神卓越才智，橫則普濟蒼生造福天下，縱則影響後代萬世子孫。國父孫中山先生曾說：「以吾人數十年必死之生命，立國家億萬年不拔之根基。」生命能夠發揮如此巨大的能量，展現如此充實的光輝，自然突破時空侷限，超越個體死亡而永垂不朽。

之四、來自自然　回歸自然

另一種不朽是自然主義的觀點，以天人合一的廣大胸襟思考，人從大自然來，最後回歸大自然去。李白在春夜宴桃李園序中說：「天地者萬物之逆旅，光陰者百代之過客。」大自然是一切生命之母，她孕育萬物之生，也接納萬物之死。生勞死息，生旅死歸，勞累的旅者走完了人生的行程，死亡既是一個終站，又是一個新的起點，回歸母親的懷抱。

受諸天地者還諸天地，來自自然者回歸自然，何悲之有！

浪濤滾滾，大江東去，江水依然滔滔不絕。夏去秋來，寒冬以後又是春天。一切都是往復循環生生不息：晚秋樹葉枯黃凋零，早春萌芽依然欣欣向榮。今天夕陽西下，明朝又有旭日東昇。故易傳云：「原始反終，故知死生之說。」天地間沒有絕對的生，也沒有絕對的死。天人合一，就是生命永遠與自然同在，與天地同其長久。

伍、生與死的意義

人生最終極的關懷，就是探究並試圖解決生與死的問題。漢書司馬遷傳：「人固有死，死有重於泰山，或輕於鴻毛。」反過來說，人固有生，生有充實光輝，亦有暗淡無光。死亡之輕重，決定於生存之光暗，彼此相互消長，尊卑良窳互為影響，成敗得失密不可分。

討論人生的美好與死亡的尊嚴，必須整體全面深入探究。生為死的尊嚴構造基礎，死為生的美好完成總結。生命能開有意義的花，死亡必結有尊嚴的果。尊嚴無法製造，不能定價買賣。尊嚴是思想人格的特質和言論行為的風範，絕非地位與財富的象徵。如果一生多行不義，居然妄想死亡的尊嚴，就算位高權重富甲天下，也是自不量力的非分之求。

總之，立身行事要光明磊落，待人接物要正義誠信，以正直高尚的人格，贏得他人的信賴與尊敬，以力爭上游的不懈努力，創造生命的意義與價值。人生有了意義，死亡必有尊嚴。西湖邊上跪在岳飛墳前的秦檜夫婦，生前威震朝廷以權謀私，死後受人千古責罵。歷史的例證，爲生與死的意義做了最正確的詮釋。

陸、擁抱死亡之美

大多數人恐懼死亡，因爲總是想像死神是可怕的青面獠牙，又把死後的世界想像爲油鍋刀山的悲慘地獄，不然就是一個陰森恐怖的無底黑洞。相反的，我們大可以把死神想像爲端莊仁慈的美麗天使，死後的世界則是清靜、安寧、別有洞天的光明新世界。

死亡之美，有更甚於尊嚴者。戰士保國衛民戰死疆場，有悲壯之美。志士仁人爲信仰慷慨赴義，有英烈之美。死在愛人的懷抱裡，有溫柔之美。死在家人的祝福中，有親情之美。死在朋友的照顧下，有道義之美。可惜而今友誼成爲利益交換的口號，愛情成爲各取所需的商品。美好的死亡，各有因緣福報，得來並不容易。

其實，即使死時貧苦孤寂無依無靠，只要一生居心光明磊落，行事廉潔公正，俯仰無愧也是一種尊嚴，心安理得也是一種安詳。孤單，表現獨立支撐的力；寂寞，表現寧靜深沈的美。只要無怨無悔無憾無恨，就是了無牽掛獨來獨往的豁達瀟灑，也是別有一番特色的脫俗莊嚴。

莊嚴、悲壯、寧靜、安詳、美麗的死亡，皆可在從小到大從少到老的生命歷程中，刻意經營努力塑造。能夠擁有充實而有意義的人生，自然擁有美麗而又有尊嚴的死亡。

柒、完美的休止符

音樂家作曲，從序曲開始構思下筆，乃至創造每一個音節的旋律之美，發展每一個樂章的高低緩急繚繞昂揚，處處傾注他的心血表現他的風格，目的就是創造獨特的美，最後劃下一個完美的休止符。

人從童稚青壯以至衰老死亡，和音樂的演奏相同，也是一個起承轉合的有機整體，能不能有一個完美的休止符，決定於生命每一個階段的思想情操和行事作風。不是傑出的樂章很難有令人激賞的尾聲。人生亦復如斯，沒有充實光輝的人生，何來美好而有尊嚴的死亡。能把善終圓寂懸爲一生奮鬥的目標，不僅死亡具有尊嚴，生命亦將因此更有意義。

佛教講究豎窮三際橫遍十方，仍以現世當下爲主；主張一切眾生平等，終究還是以人爲本。儒家主張博愛行仁，倡導推己及人的忠恕之道，重視現世人生的人本精神。強調「生得其正，死得其正」；只有有意義的生，才有有意義的死。儒家心目中的聖賢君子，就是有人性、通人情、守人倫、行人道的人。天堂淨土，就是有公道正義，有道德秩序，有人性光輝，有博愛仁慈的理想社會。

任何一個人，處身社會群體之中，只要善盡義務職責，有所爲有所不爲。既能獨善其身爲自己的幸福奮鬥；又能兼善天下爲大眾的福祉盡力。最後走完了該走的路，內外無咎俯仰無愧，必能寧靜而有尊嚴地與世長辭。如果影響貢獻及於後世，餘音繚繞引人無限哀思，就是明儒所謂「死而不亡」。這樣的結束，就是一個完美的休止符。

捌、死亡的超越

死亡是可以超越的嗎?當然可以。

不怕死，既是一種勇敢的精神，也是一種明智的態度。死亡是生命無可逃避的必然結局，或早或遲一定會來，怕也沒有用。坦然面對欣然接受，就顯得更有智慧更有擔當。不怕死不是輕忽生命，而是一種堅強，一種對生命的眞正熱愛。無畏死亡，就是超越死亡。

一般人想到死亡就會想到地獄，地獄當然可怕。如果把聯想指向天堂或極樂世界，那就令人無限嚮往。有人把死亡看作消滅虛無，如果代之以重生和超生，即可轉悲爲喜。或把逝世看著是重返父母的懷抱，或赴愛人的約會和親友邀宴，悲苦哀傷自然化作無限欣喜和甜美溫馨。

還有一種方法，就是先死去。任何一個人，一生之中總有過與死亡擦身而過的經驗，如戰爭、疾病、火災、地震等等天災人禍。當你死裡逃生躲過一次重大災難，千萬不要輕易把它視爲一種僥倖，應當肯定你是與死神打了一個照面竟然又活了回來。兩者不同的是：自認僥倖逃過一劫的人，下次面對危難時還會怕死。認爲自己已經死過的人，再次面對死神時就會從容若定，死就不再那麼驚天動地令人畏懼可怕了。

莊子說：「大塊載我以形，勞我以生，佚我以老，息我以死。故善吾生者，乃所以善吾死也。」既然生是勞死是息，生有何樂死有何悲，貪生怕死就會變得十分可笑。佛教總結人生共有八苦，即使強顏歡笑，終局還是一切皆苦。死亡的最高境界就是歸於涅槃寂靜，正是苦海無邊回頭是岸，終於得到了永恆的寧靜和安息。

人之所以怕死或者不願意死，另一個原因是死前拖泥帶水，好些事情未能斷然處置妥善交待。好比住旅館，既未結帳退房，也沒有交還鑰匙，一走了之怎能安心？要能走得乾淨俐落，必須早作準備。如果諸事安排妥當，遺書交待清清楚楚，自然不會牽腸掛肚戀戀不捨。

生死既然是普遍的自然法則，我們偶然來到這個世界，來時全身赤裸，去時兩手空空，功名富貴妻財子祿，一切都是風花雪月過眼雲煙。如果看得開參得透，提得起放得下，就能保持明智豁達，輕鬆而愉快。

含笑而逝，人生最爲稀有，百中難得其一。此時此刻對你而言，眞是輕而易舉。因爲你已經超越死亡，擁抱自然之道。

玖、珍惜與尊重

相對於宇宙的浩瀚和地球的誕生，人的生命渺小短暫偶然難得，自己的生命固然應該珍惜，對他人的生命尤其應該尊重。如何在侷限的時空中活得海闊天空，如何在艱難困苦中活得心安理得，如何在短暫中活出天長地久的意義，乃是生命必修的大學問。

由於工商社會功利現實的污染，使人久違道義誠信，習於不擇手段爭權奪利。出口傷人動手打架，從政壇到民間，早已成爲家常便飯。要拯救社會免於沈淪，大家就不能獨善其身袖手旁觀。

生命最大的意義和最高的境界，就是舍己爲人利益天下。樂善好施濟困扶危，解除的是別人的苦難，提升的卻是自己的人格。沒有金錢可以布施，出點力氣幫助他人，說點好話鼓勵別人，給人一點歡喜一點信心，這樣的仁心善行，人人可爲。

人類是群居動物，保障安全追求幸福，固然需要群策群力。人生到達終點，身後事宜尤其需要互相幫助。能夠心懷慈悲，把臨終者視若自己，幫助他安詳而有尊嚴的與世長辭，乃是善行中最大的善行。

或問：假使有人抵達人生終點，清貧如洗而又孤獨無依，身陷困境面對死亡，又當如何自處？筆者的建議是：

一是懺悔，懺悔你一生所犯的過錯以及因此對他人造成的傷害，懺悔你一生中有許多該做和能做的好事竟然沒有做。

二是寬恕，寬恕那些因爲無知、無心，或是一時衝動，曾經侵犯或傷害過你的人。原諒別人，自己會得到更大的寬慰。

三是感謝，感謝那些曾經養育過你、教育過你、幫助過你、鼓勵過你、愛過你的人。最後向她們致以由衷的感謝和祝福。

活得自由自在，走得心平氣和，就是超越生死。最後必能坦坦蕩蕩，獨與天地精神往來，含笑而去，爲人生劃下完美的句點。

道及求道之歷程

道及求道之歷程

壹、道是甚麼？

道是甚麼？這個問題不太容易回答。聞道有先後，學道有勤拙，秉賦根器既有利鈍上下，悟道境地當然也有眞假死活。

禪宗初祖達摩，知時已至，於西返天竺前，乃命門人各言所得。門人道副對曰：如我所見，不執文字，不離文字，而爲道用。師曰：汝得吾皮。尼總持曰：我今所解，如慶喜見阿閦佛國，一見更不再見。師曰：汝得吾肉。道育曰：四大本空，五陰非有，而我見處，無一法可得。師曰：汝得吾骨。慧可進步禮拜，退而依位而立。師曰：汝得吾髓。隨後授以袈裟以爲法信，後爲禪宗二祖。這個公案告訴我們，知道不易，言道更難，悟道心得各有不同，高低深淺相去甚遠。

在西方文化中，道屬於哲學及物理學範疇的形而上學，是超物質的抽象原理，爲萬物運動變化的規律，又稱第一哲學。但從中國源遠、淵深、博大、精微的文化長流中去探究，很難有一個衆議僉同的定義。

最普通的說法道就是路，大者曰路，小者曰徑。如果方向正確，條條大路通長安。孟子說：「道一而已」。道就是眞理，眞理只有一個。能通是路，能達是道，能登堂入室是門。然而從不同領域，從不同角度，在不同層次所見，必然是眞理的不同面貌和不同境界。

中國人論道，多從易經「一陰一陽之爲道」開始，以陽剛陰柔的相互激盪制約，描述天道的實然，肯定道是普遍客觀的規律，是天地萬物所以生成之總原理。易經說卦：「立天之道陰與陽，立地之道柔與剛，立人之道仁與義。」說明道是自然運行的規律，是人道及政道的應然規範，人生應知應守的事理，也是生命應行與必行之路。

老子說：「道可道，非常道；名可名，非常名。」他所意指的是不可名狀的形上實體及普遍而客觀的規律。他說：「有物混成，先天地生，寂兮寥兮，獨立而不改，周行而不殆，可以爲天下母。吾不知其名，強字之曰道，強爲之名曰大。」老子言道，側重宇宙形成之源與自然運行之理。於穆爲體，運行爲用。歸根究底，陰陽旋轉，天地闔闢，日月運行，人物滋生，萬物生長，皆源於道。

孔子曰：「天何言哉，四時行焉，百物生焉，天何言哉。」孔子同樣肯定道的以穆爲體以行爲用。相對於道家自然的天道，儒家更重視道德文化的人道。孔子認爲：走出屋子要從門戶；爲人做事要行正道。這個道字已由道路發展爲道理，以及思想言行所應遵循的規範。孟子說：「仁，人之安宅也；義，人之正路也。」至此，道已成爲人之所以爲人的基本修養和倫理規範的總綱。孔子說：「人能弘道，非道弘人。」又說：「朝聞道，夕死可矣！」充分表現夫子對道的尊崇和嚮往。

莊子認爲：道無所不在，而所在皆無。但他說：「天道運而無所積，故萬物成；帝道運而無所積，故天下歸；聖道運而無所積，故海內服。」他的天道自然無爲思想，與儒家天下爲公的政道理念已經表裡如一。

貳、道在那裡？

道雖然有點玄奧莫測，高不可攀，但是距離我們並不遙遠。

莊子知北遊：「東郭子問於莊子：所謂道，惡乎在？莊子曰：無所不在。東郭子曰：期而後可。莊子曰：在螻蟻。曰：何其下邪？曰：在稊稗。曰：何其愈下邪？曰：在瓦甓。曰：何其愈甚邪？曰：在尿溺。東郭子不應。莊子曰：夫子之問也，固不及質。」道在那裡？道在天地之間，無所不在。

中國文字不僅是有形的語言，其形其聲也能直接表達思想意境。例如：愛慧愚惡皆生於心，心是人的主宰。四祖道信說：「夫百千法門，同歸方寸；河沙妙德，總在心源。」趙州禪師說：「金佛不度爐，木佛不度火，泥佛不度水，眞佛內裡坐。」道在那裡？道在各人自家心中。

惠能大師曾說：「佛法在世間，不離世間覺；離世覓菩提，恰如求兔角。」百丈懷海也有一句金言：「一日不作，一日不食。」他要弟子們把修行落實於種田挑水的日用勞作之中。生活是修道的土壤，人間是行道的舞台。道在那裡？道在人間，在舉手投足待人接物的日用生活之中。離開人間生活，一切皆成空談。

道字從走，首重在行。古德說：「誦習千章，不如一行。」悟而不行非眞悟；行而不悟非正行。唯有知行合一，才是眞正悟道。修心爲修行的起點，修行爲修心的實證。能夠知解行證，才是悟道得道的眞正境界。道在那裡？道在行者腳下。

四十二章經記載：「沙門夜誦佛經其聲悲緊，思悔欲退。佛問之曰，汝昔在家曾爲何業。對曰，愛彈琴。佛言，弦緩如何。對曰，不鳴矣。弦急如何。對曰，聲絕矣。急緩得中如何。對曰，諸音普矣。佛言，沙門學道亦然。」唯有不偏不倚不緩不急不走極端，爲人處世治學修道，乃能期於有成。道在那裡？道在中庸。

由誠由行由中，我們可以推衍出許多社會倫理規範與眞善美聖的道德價值。凡有人際交往即有道與德的存在。天人有合一之道，也有合一之德。回頭再用莊子的話說：「道，無所不在。」

叁、求道的動機

道，不僅是宇宙之根源，也是人生應走的正路和正確的方向。君子有爲有守，就是樹德立己，行道益世。中華文化傳統，道與德相連並稱，既把道視爲萬物之起源，也把道視爲天人合德的最高價值。修道之士，憂道不憂貧，爲的就是追求超越世俗的更高價值。

求道，佛家爲了悟道成佛，道家爲了得道成仙，儒家則爲提昇道德成聖成賢。總之，求道是心靈的嚮往；修道是精神的提升；弘道行道，爲了益世利人普濟天下。既有崇高的理想，也有艱苦的歷程。有人以爲佛教太消極，念佛修行只爲個人解脫。佛教宗派甚多，從自我了脫到終極關懷，各有不同的求法門徑與修行道風，不能一概而論。

即以『苦海無邊，回頭是岸』而論，強調悲苦要求解脫，以免愈陷愈深而不知伊於胡底，此一動機及其隨之而來的修持精進，就個人生命的調整與社會安定的強化而言，已經具有正面積極的意義。苟能堅持「慈悲喜捨」的無量心願，已經進入淑世濟眾的大乘境界。

超越世俗的煩惱，追求生命的崇高價值，仍然是每一個求道者最普遍的動機。宏觀視之，道不僅是宗教信仰的最高層次，也是學術和思想的通達境界。求道修道，就是求知求學，求通情達理的學問和認識宇宙眞理的智慧。果能悟道得道，超越喜樂悲苦，即無所謂煩惱菩提，有的只是行住坐臥的瀟灑自然，天馬行空的奔放自由落拓逍遙。

求道，必須具有強烈的慕道信願和熱切的向道之心，這是修道的起點。更要具備探求眞理的毅力和決心，以及證道行道的宏願和大勇。如不具備這些條件，說道愈多知道愈淺，修道愈勤也可能離道愈遠。

肆、求道之歷程

雖然道在自家心中，在自己腳下，在日用生活之中，在天地之間甚至無所不在。求道應該輕而易舉，事實卻又並不盡然。芸芸衆生時時與道迎面相遇，但因塵勞遮眼慾望迷心，大多數人與道擦身而過，竟然始終與道無緣。「不經一番寒徹骨，怎得梅花撲鼻香。」儘管求道歷程曲折艱辛，它仍然是修道的必經之路和入道的必由之門。

由於對道的認知各有所本，修習的法門各不相同，用功的方法和勤惰更是無法齊一，結果自然也就千差萬別。但求道與修道，證道與行道，則是每一個希望在道業乃至學問方面有所成就者所必須經歷的一個過程。即使悟道有頓有漸，路徑有曲有直，乃至層次有高有低，然而求道歷程必然苦樂參半悲欣交集，其情境則又大同小異。

如果說人生的意義就是自我的實現，則求道的過程就是明心見性脫胎換骨，就是大死一番再活現成。「頻呼小玉元無事，唯要檀郎認得聲。」沒有婢女沒有檀郎，我們東叫西喊，呼喚的乃是自己的本心。茶陵郁和尚說：「我有明珠一顆，久被塵勞封鎖；一旦塵盡光生，照破山河萬朵。」沒有這一顆明珠當家作主，身體可能只是一具行尸走肉。

一位古德選輯五首古詩描繪修道歷程：㈠三十功名塵與土，八千里路雲和月。㈡春蠶到死絲方盡，蠟炬成灰淚始乾。㈢山窮水盡疑無路，柳暗花明又一村。㈣千江有水千江月，萬里無雲萬里天。㈤人生自古誰無死，留取丹心照汗青。以文學的意境和哲學的理念，表示對道的嚮往、追求、轉折和證悟，階梯明朗，境界顯然。

青原行思有個公案：「三十年前未參禪時，見山是山，見水是水。及至後來有個入處，見山不是山，見水不是水。而今得個休歇處，見山還是山，見水還是水。」最初身外有物心中有我，了了分明；「見山是山，見水是水。」漸漸登堂入室，「外不著相，內不起念」；「見山不是山，見水不是水。」及至明心見性，物我雙忘心物一如，因此「見山還是山，見水還是水。」悟道必須通過初關，重關和牢關，稱爲禪宗三關。

與此類似，是人間詞話引用三位詞人的名句，象喻古今成就大事業所必須經歷的三個階段：一是「昨夜西風凋碧樹。獨上高樓，望盡天涯路。」這是對道的嚮往仰慕。二是「衣帶漸寬終不悔，爲伊消得人憔悴。」這是對道的追求，即使形銷骨立在所不惜。三是「眾裡尋他千百度，驀然回首，那人卻在燈火闌珊處。」這是道的證見，歷經折磨，終於瓜熟蒂落。

孔子說：「君子謀道不謀食，憂道不憂貧。」作爲儒門君子，孔子主張應把謀道置於謀生之上，憂道重於憂貧。所以他說：「志於道，據於德，依於仁，游於藝。」又說：「朝聞道，夕死可矣！」他又說：「人能弘道，非道弘人。」孔子志道、謀道、守道的層次井然有序，行道、弘道的宏願更是溢於言表。

以上簡介，有的屬於宗教信仰，有的屬於文化領域或道德範疇。根本宗旨則在引領人們去僞存誠，去惡向善，力爭上游。歷程始於慕道若渴，求道若飢，終於得道解脫自己，行道弘道普濟天下。有人長途跋涉，有人單刀直入，端看各人的根機和因緣福報。法無高下，能悟就是妙法；門無好壞，能通就是法門。或許，無門就是最好的法門。

伍、殊途同歸

道者能通，這是道的基本意義，儒佛道三家，並無差異。佛家認爲能通行人使至涅槃，謂之道。又說：「道者通也，以如此因，得如此果。以如是果，酬如是因。通因至果，通果酬因。故名爲道。」

不同的是，儒家修身明道，道家法天得道，基本上都把做人列爲第一優先。儒家的君子聖賢，道家的仙人眞人，都是經過學術上修業，人格上進德，心靈上提升以後，所達成的高尚化甚至神聖化。但是佛教認爲這只是五乘中的人乘和天乘，人乘天乘之上還有聲聞緣覺乘，菩薩乘和佛乘。佛乘是證道的最高果位；也是六凡四聖十法界的最高法界。

如此崇高尊貴的佛到底是甚麼呢？佛教經典的解釋言簡而意賅。佛者覺也。佛是具足自覺、覺他、覺行圓滿，如實知見一切法之性相，成就正等正覺之大聖者。佛教相信：「一切眾生，皆有佛性；有佛性者，皆得成佛。」馬祖道一直言：「即心即佛。」佛在自家心中，成佛只是反求諸己，反身而誠而已。放下屠刀，立地成佛。這有甚麼艱難？

雖然人人具足菩提自性，人人皆有可能成佛。可是二千多年以來，眞正成佛的唯有佛陀一人而已！可見成佛並不簡單。首先，要做覺者就不容易。覺，音譯菩提，乃證悟涅槃妙理之智慧。有此智慧，才能出迷入悟洞察宇宙眞理。禪宗所謂開悟，就是了見心性，徹悟大道；生起眞智，反轉迷夢。到此境界，才能撥雲見日，明見內心和外在世界的朗朗乾坤。

成佛既然如此困難，吾人又爲何虔心學佛一心向道呢？第一，佛果崇高道途遙遠，也並非遠不可及高不可攀。當你立下學佛的信願之時，成佛之路即已啓程，人佛之間的距離開始不斷的縮小。其次，佛教是一個理性的、道德的、人本的宗教，成佛是修行的最高理想，朝此理想勇猛精進，人格就會逐步漸趨完美。根本而論，成佛是做人的最高理想，做人是成佛的根本基礎。「堯何人也，舜何人也，有爲者亦若是。」

六祖壇經無相頌曰：「心平何勞持戒，行直何用修禪。恩則孝養父母，義則上下相憐。讓則尊卑和睦，忍則眾惡不喧。」最後更曰：「菩提只向心覓，何勞向外求玄。聽說依此修行，西方只在目前。」太虛大師說：「仰止爲佛陀，完成在人格，人成即佛成，是名眞現實。」他們二位已經把人生的道德修養與學佛的成道之路，完全合而爲一。

印順導師倡導人間佛教，他在妙雲集與華雨集中一再強調學佛法門的三大綱要，簡稱學佛三要，就是：信願，慈悲，智慧。印老並把三要與儒家的三達德對照比較：智慧相等於智，慈悲相等於仁，信願相等於勇。佛法的要義不外乎軌範身心，淨化身心，達到身心的解脫自在。解脫自在的德用正是儒家「七十而從心所欲不逾矩」的道德境界。

南朝梁武帝時的高僧傅大士，出入儒道兩家，學行極爲深厚。有一天，他頭載道冠，身著袈裟，足蹬儒履，朝見梁武帝。帝曰：你是比丘嗎？大士以手指冠。你是道士嗎？大士以手指履。你是儒生嗎？大士以手指袈裟。意思是：「道冠儒履佛袈裟，會成三家作一家。」他有一首禪詩：「空手把鋤頭，步行騎水牛，人從橋上過，橋流水不流。」意境玄奧深遠，可作公案一參再參。

萬法歸一，殊途同歸。儒佛道三家會通，成就了中國佛教史上歷代許多高僧大德，他們的哲學理念、文學造詣、佛學素養，使他們成爲佛教歷史黃金時代的開創者，中華文化天空中光芒四射的巨星，也是中華歷史長河中一度支撐大局的中流砥柱。炎黃子孫可以繼承享用三家合一的豐沛文化資源，得天獨厚，無限福報，豈能不加珍惜。

陸、天人合一

儒家基於普濟蒼生的淑世理念，論道側重人道的道德規律，但仍以天道爲人道之根源，宋明理學表現最爲明顯。邵康節說：「道爲天地之本，天地爲萬物之本。」又說：「天由道而生，地由道而成，人物由道而行。」程伊川以理爲宇宙根本，理即道之別名。朱子以理釋道，道是天理自然，事物當然之理。王陽明主張：「心即道，道即天。」天道等於良心。宋明儒家外儒內佛，理學即是道學，天道自然就是心性良知，就是人倫道德規範，天人一體。張橫渠說：「天人異用，不足以言誠。天人異知，不足以盡明。所謂誠明者，性與天道，不見乎小大之別也。」

老子雖重天道自然，但不否定人的卓越地位。他說：「故道大，天大，地大，人亦大。」又說：「人法地，地法天，天法道，道法自然。」人只是天地間萬物之一，但人爲萬物之靈，爲法天行道之主體，成天地之德，爲天地之心。董仲舒說：「天地人，萬物之本也。天生之，地養之，人成之。」中庸說：「天命之謂性，率性之謂道，明道之謂教。」天道之自然，人生之自然，人心向善之自然，實已渾然一體。

孟子說：「盡其心者，知其性也；知其性，則知天矣。」性存於心，盡心則知性；性受之於天，知性則知天。正如宋儒所說：「心即理，理即天，天即道。」心也，性也；理也，道也；說是爲二，實際爲一。在天爲大公無私，在人爲溫柔敦厚；修身養性爲誠與仁，待人接物爲禮與義，於治事處世爲中庸之道。中庸說：「誠者天之道，誠之者人之道。」眞誠，是道的根本性質與根本條件，天道如斯，人道亦復如斯。

日月運行成晝夜，四時更迭成周年，此天道也。孤陰不生，獨陽不長，一男一女成家立業，此人道也。剛柔相濟，文武兼施，此人際交往與施政治

國之中庸之道也。總之，天道即人道，人道即天道。天人合一，既是人生修養的最高境界，也是道德哲學的第一原理

柒、悟得以後

一心向道當然希望悟道。悟得之後又如何？悟得之後你還是你。正如蘇東坡所說：「廬山煙雨浙江潮，未至千般恨未消；及至歸來無一物，廬山煙雨浙江潮。」只是「一樣平常窗前月，才有梅花便不同。」雖然還得穿衣吃飯睡覺，箇中滋味卻與往昔迥然不同。

高山遠離紅塵，孤峰絕頂凌霄沖天，應該離道更近。三十年前以求道心情開始爬山。不僅爬完大陸五嶽和台灣的九大名山，還到過五千二百三十一公尺的唐古拉山口。三十年後，我還是我，但並非依然故我。「胸中有山水，到處皆風景。」酸甜苦辣，皆能淡然視之，泰然處之。「春有百花秋有月，夏有涼風冬有雪，若無閑事掛心頭，便是人間好時節。」既然法爾如

斯，一切也就順其自然而又怡然自得。

道字的外框形似小舟揚帆，屬於走部，是乘載我們通往彼岸的寶筏。船要自己划，路要自己走，別人無法幫忙代勞。爬山一步一個腳印，全靠自力更生。對於「佛在心中，道在腳下」的力行實踐，自比不爬山的人有著更深刻的體認。因此格外堅持：以仁爲居，以義爲行，以道爲親，以德爲美。其實這些，本來就是做人應該善盡的基本義務。翻山越嶺長途跋涉以後，而今不過依舊還是這樣而已。

只是這樣回歸以後，別有一番風光，格外親切自然，更加充滿活潑潑的生機。也許，這就是「看山還是山，看水還是水」的境地吧。

作者寫作年表

民國	西元	年歲	寫作紀事
四十年	1951	二十五歲	短篇小說「海葬」及「南奔」，分別於四月及十月，刊登於中央日報副刊。
四十一年	1952	二十六歲	中篇小說「平岩山之戀」，發表於遷台發行的《學生》雜誌。
四十二年	1953	二十七歲	中篇小說「悲劇的悲劇」發表於《皇冠》雜誌；「滬濱回憶」發表於《重流》雜誌。
四十四年	1955	二十九歲	第一本書《海葬集》於台中出版，收錄四五年來的中短篇小說創作十餘篇。
五十五年	1966	四十歲	青年勵志文集《新時代序曲》，於宜蘭由青年雜誌社出版。
六十年	1971	四十五歲	愛國長詩《多難興邦進行曲》，在台北由幼獅書店出版。並獲中山文藝基金會獎助。
六十一年	1972	四十六歲	台灣第一本登山手冊《高山之路》，在台北由幼獅書店出版。

七十四年	1985	五十九歲	散文集《以水爲鑑》，在高雄由佛光出版社出版。（已再版一次。）
七十五年	1986	六十歲	《以水爲鑑》獲得財團法人高雄市文化基金會散文創作特別獎。
八十一年	1992	六十六歲	報導文學《佛蹤萬里紀遊》，評論集《回歸佛陀的時代》，在高雄由佛光出版社出版。
八十三年	1994	六十八歲	《以水爲鑑》略加精選，重新編排，在台北由幼獅書店出版。
八十七年	1998	七十二歲	登山哲理散文《以山爲師》，（中華十嶽草原高原之旅），在台北由幼獅書店出版。
八十九年	2000	七十四歲	哲理散文《駕駛與人生》，內容分駕駛篇與人生篇，在台北由文史哲出版社出版。
八十九年	2000	七十四歲	青少年勵志叢書《智慧的鑰匙》，在台北由文史哲出版社出版。
九十年	2001	七十五歲	人生及教育論文《平衡的超越》，在台北由文史哲出版社出版。
九十年	2001	七十五歲	《駕駛與人生》略加校訂補充，在台北由文史哲出版社再版。

國家圖書館出版品預行編目資料

平衡的超越 / 張培耕著.-- 初版. -- 臺北市
: 文史哲, 民90
面 ； 公分. -- （青少年叢書；2）
ISBN 957-549-355-9（平裝）
1.修身
192.1

青少年叢書 ②

平衡的超越

著　　者：張培耕
出版者：文史哲出版社
登記證字號：行政院新聞局版臺業字五三三七號
發行人：彭正雄
發行所：文史哲出版社
臺北市羅斯福路一段七十二巷四號
郵政劃撥帳號：一六一八〇一七五
電話886-2-23511028・傳真886-2-23965656
印製暨總經銷：日盛印製廠股份有限公司
台北市內湖路一段91巷23弄8號一樓
電話（02）27995667・傳真（02）27996460

實價新臺幣一五〇元

中華民國九十年四月初版

ISBN 957-549-355-9

筆 記 頁

筆　記　頁

筆 記 頁

筆 記 頁

筆 記 頁

筆 記 頁